ちくま新書

震災学入門

――死生観からの社会構想

金菱 清
Kanebishi Kiyoshi

1171

震災学入門——死生観からの社会構想【目次】

はじめに

†マイナスのレッテルを貼られ続ける被災者たち

「何もここ（沿岸部）で都会のような立派な暮らしを望んでいるのではない。普通にささやかながらも暮らしていくことができるように希望しているんです。ただそれだけなのに」

「みんな仮設住宅から（災害復興公営住宅に）来たから知らない人たちばっかだよ。でも仮設のほうがよかったかもなぁ、なんか横のつながりがあった気がするよ。ここは外さ出なきゃほんと人っ気ないし、（建築賞を受賞した建物が）立派すぎるんだよ」

被災地を歩いていると、漁民や高齢者のそんな切実な言葉を耳にする。しかしながら、そんな声に誰もが気にも留めないまま、被災地の地図は、都市のまなざしでもって次々と塗り替えられていく。誰も望んでいない巨大な防潮堤、津波の危険を最大限除去すべきであるとする「災害危険区域」の設定、浜の文化を破棄させる県知事肝煎りの水産業復興特区の導入——どれをとっても「被災者目線」ではない〝立派な〟政策ばかりである。

ある名の知れたコメンテーターが、とあるテレビ番組で作家・吉村昭によるルポ『三陸海岸大津波』を片手にもち、「(三陸沿岸の住民を指して)こいつら三度も津波にあってまだそこ(沿岸部)に住もうとしているんだ」と語気を荒らげ怒りをぶつけていた。今度もし津波に近いところに住むのならば、自衛隊や行政は被災民に対して手を差し伸べるべきではないというのが彼の結論だった。

もちろんこうした極論に感情的に反発することは簡単である。だが、多くの温かいボランティアなどの支援が被災者に寄せられる一方で、被災者に向けられがちなのは、当事者の目線ではなく、いずれも外部から高く投げつけられた〝冷たい〟まなざしである。コメンテーターの極論は、多くの国民の声なき声を代弁しているかのようにも思える。

事実、行政効率や津波浸水リスクを考えれば、小規模漁業経営体ではグローバルな戦略を立てられないとばかりに、浜が集約されコンパクトシティ構想が立ち上げられようとしている。それが「都市的経済水準」「行政効率」「自然科学に基づいたリスク評価」の基準でもって「復旧ではなく新たな復興」という美名のもとに価値づけられる。被災地の当事者たちは、論理的で法的・科学的根拠を与えられた復興政策のなかで声をあげられず〝沈黙〟を強いられている。

さらに、外部からの視点は、なぜこれほど頻繁に津波が来るにもかかわらず人びとが逃げ遅れたのかを、「正常性バイアス」といった言葉を用いて説明する。そして、いかに当事者が被害を低く見積もっていたかという科学的なデータから、地域町内会の安否確認などの協力が悲劇を増加させたという結論を導き出そうとする。つまりこれは当人の声を脇に置き、行動科学的にのみ考えることによって、後から推定された客観的事実を無視して逃げることができない人間の鈍感性を「可哀想な主人公」へと仕立て上げているのだ。

このように「行政効率が悪く、経済的魅力にも乏しく、危険で不便な土地に住んでいる」というマイナスのレッテルを、他者から次々に貼られ続けているのが、被災地の当事者たちである。そうした他者の視点に立った研究者による「震災学」なるものも見受けられる。

†弱さの論理——本書の立脚点

だが、本書が構想する震災学は、全く異なるアプローチから震災を捉えるものである。すなわち本書が立脚するのは、上から冷たくまなざす強さによる思考ではなく、被災者が直面している徹底した「弱さの論理」からの思考方法である。

したがって、本書に対するいくつもの反論がすぐさま予想される。「客観的な科学的視点に立って震災を捉えるべきだ」といった反論である。しかしその反論は、いずれも「屈強で個人の意思がはっきりしていてものが言える」強さに由来する論理によるものだろう。そして、そのような正しさや強さに由来する論理では、災害弱者である当事者を強く頷かせ、納得させるような理屈は出てこないだろう。

江戸の安政大地震の民衆史と社会史を繙いた歴史家の北原糸子は、身分制社会の底辺に位置して、抑圧や屈辱の淵から現世利益という確かなものを求める民衆のエネルギーに注目している。そのエネルギーは圧縮され密度が高まり、その結果、災害という厄災と、富者からの施行《せぎょう》（施し）という社会的慣行との間に孕まれる社会的緊張は、常に動的なものに転化する要素をもっていた。そして北原は、施行を単に災害時の救済活動とだけみなすのではなく、近世の周辺社会における施行空間への拡がりを見ることで、施行が身分制社会における呪縛とそこからの解放という二重の、相対する意味をもっていたことを明らかにしている（北原二〇一三）。

つまり北原は、動的なものに転化する要素の重要性を指摘している。このことは裏を返せば、静的に社会的緊張も孕まないまま、厄災の両義性の片方のみに着目する視点ばかりで、地震などの災害がいかに捉えられがちかを例証している。今回の大震災における津波シミュレーションや復興計画、原発避難区域図など、震災後に投げかけられる視線は、すべて上から客観的に落とされる地図をつくる視点からのものである。

しかしその地図は、社会的・政治的利害に形態を与えるための視覚的提案で、一見、中立的だけれども、実は客観的でも何でもなく、地図はある境界をもった統一体を示していると称しながらも、実際はそれを生産していることで、知や権力を自然なものに見せかけているのである（ワイゼンフェルド二〇一四：二二三〜二二四）。

震災後、都市的近代的な空間や時間の枠組みに、人びとの暮らしの生は置かれている。そのような枠組みの力に対して、当事者自らが試行錯誤しながらもそれでもなお否定的なまなざしに耐え、孤独のなかでささやかな営為を積み上げてきた。そのような当事者の視点に立脚して、それを補強する論理を筆者は打ち立ててみたい。そのような可能性の学として、震災学を構想している。

†本書の構成

本書では、東日本大震災で露呈した、従来の災害学・災害研究の知見の限界、すなわちそこで主張されていたような災害への対処法の限界を明らかにしたい。そして、それに代わる新しい取り組みを紹介し、その方法論を考えていきたい。

まず第1章では、科学的な、客観的な視点からなされる政策の誤りを考える。そして、そうした視点が見落としている人間側の理屈にこそ、被災地の本当の復興のためのヒントが隠されていることを説き明かす。

第2章では、心のケアの問題に焦点を当てる。これまで考えられてきたような、痛みを取り除くという方法ではなく、温存するという逆説的な方法にこそ、失ったものとの関係性を修復し、心を回復させる秘密が隠されていることを示す。

第3章では、死や霊性といかに向き合うかについて考える。通常、私たちは災害に際して、生きている者と死んだ者を区別し、向こうの世界に死者を追いやり、数値化する。しかし大津波のような事象では、死者でもなく生者でもない「生ける死者」にどう接するかが問いなおされることになったのである。

第4章では、リスクの問題を根底から捉えなおす。津波被災地では、最もリスクの高い海辺で暮らす人びとが、リスク回避のための巨大防潮堤に真っ先に異を唱えた。これはなぜだろうか。彼らの思考に寄り添わなければ、リスクに対する本当にあるべき考え方はわからない。「ウミ・オカの交通権」の視点から、リスクへの新たな考え方を提示したい。

第5章では、コミュニティについて考える。かつて阪神・淡路大震災では、平等な仮設住宅への抽選入居が、コミュニティの弱体化を招いてしまった。その反省を受け、上から与えられるレディーメイドのコミュニティに代わる、オーダーメイドのコミュニティの試みが東日本大震災後に始まっている。その試みを紹介したい。

第6章では、原発災害について問いなおしたい。放射能を忌避するという、当たり前の方法があるにもかかわらず、放射能の現実と向き合い、抽象的な共存ではなく実存レベルでの共存を選んでいる人びとがいる。彼らの、いわば放射能を飼い馴らす作法はいったい何を目指すものだろうか。

本書の震災学の構想は、数多くの災害の現場を歩くなかで、従来の学問観や災害観を修正し刷新しなければならないと思うようになったことに端を発している。「3・11東日本大震災」という未曾有の大災害における、現場の当事者の視線から、人間観・死生観を問いなおす試みなのである。

第 1 章

いまなぜ震災学か
——科学と政策を問いなおす

現地再生を求める看板。災害危険区域に指定された仙台市荒浜地区にて。

「天災は忘れた頃にやってくる」——寺田寅彦によるとされる有名な警句である。災害は突然、人間の都合に関係なくやってくる。そして集合的沸騰が起き、災害の事象に鋭く喚起されるが、やがて時間が経つとすっかり人びとの記憶から消え、記録も忘れ去られてしまう。物理学者だった寺田らしく、人間の意思を超えたところに自然の摂理が貫徹しているという災害の特徴を大変よく捉えている。

だが、本書では寺田が批判している人間側の理屈を、あえて擁護したい。人間の経験は捨象されがちだが、その経験の有無によって、復興における回復過程に違いが出てくるのだ。このことに着目し、災害を人間側、それも当事者性のある人間の立場から見てみよう。すると、災害をどのように引き受けて人びとの暮らしのなかに内部化させるのかという点にこそ、災害列島とも称されるこの国の社会の再興のヒントがあることがわかるだろう。

1　科学vs.人間——寺田寅彦は正しいのか

†寺田寅彦の警句

「天災は忘れた頃にやってくる」という、あまりにも有名な警句で知られる物理学者の寺田寅彦は、『津波と人間』という一節で次のような架空のやりとりを展開している。

自然科学者の災害の警告に対して罹災者は、「それほどわかっているなら災禍に間に合うようになぜ警告してくれなかったのか」と問う。

それに対して、自然科学者が「注意を払わないからいけない」と返すと、罹災民は、「二十年も前のことなどこのせち辛い世の中でとても覚えてはいられない」と言う。

ただし自然科学者らしく寺田は、「自然ほど伝統に忠実なものはなく、地震や津波は、流行にかまわず、頑固に、保守的に執念深くやってくる」と釘をさす。科学の「方則《ママ》」はつまるところ「自然の記憶の覚え書き」であると締めくくっている。

自然科学者は、リスク論の見地から災害を自然現象として扱い、人間社会の〝外部条件〟として警告を発する。津波に置き換えれば、波高の進度（深度）と過去の地層をできるだけ遡及して現在および近未来をシミュレーションする。いわば、自然科学者にとってみれば現在あるいは近未来は何千年あるいは何万年のうちの一局面でしかない。ただし自然科学者は、このシミュレーションを通して、このような高い防潮堤を建設すれば大丈夫であるとか、ここは津波が襲来して命の危険性があるので人が住んではいけないとか、そういったことは言わない。われわれの科学的見地をすくいとるかどうかはあくまで政治や行政側次第であるというスタンスをとり、弁解の余地を残している。すなわち、科学と政策という表向きの棲み分けを担保することで、科学的客観性を保持しているのである。

しかし、多くの人はそのような棲み分けをほとんど意識していない。科学と政策は協働するものだという認識が多分にある。事実、地震学者は、従来の研究に対して反省の弁を公言し、失敗を悔いている。だがこれは、予知がいずれ可能になるとする自然科学者の驕りであるようにも聞こえる。そして、津波被災地でも、科学的見地に立つとされる政策が進められているのが現実である。

†海辺から人びとを引きはがすのは正しいのか

津波被災地の現場で進められてきた政策を眺めてみよう。典型的なのは、防災集団移転事業である。これは、潜在的だった津波というリスクを、現在表に出てきた危険（デンジャー）とする考えのもと、一〇メートルを超える高い防潮堤を建設し、海辺に人を住ませることを禁じる災害危険区域を設定、そしてその設定によって移転補償を捻出し、高台内陸移転を推進するものである。いわば、津波を外部条件としていかにそれを「避けるか」「海から離れるか」という政策である。

海の民俗調査を長年行っている民俗学者の川島秀一は、東北太平洋沿岸に対して真っ先に提案された住民の高台移住や漁港の集約といった復興案は、幼児が戯れに描いたような絵が象徴するように机上の空論であるとする。そして漁師の生活と生業を分離するという、生易しくない課題を無視した、オカモノ（陸に住む者）が発した論理であると断言している（川島二〇一二）。多重防潮堤、高台移転のイメージ図は、まだ被災の衝撃も冷めやらない時期に地元新聞にも一面で掲載された。被災民の預かり知らないところで、復興の掛け声のもと計画が進められていくことになった。

海を離れるメリットは科学・安全政策でたくさん語られているが、海を離れる結果出てくるリスクについてはほとんど語られることはない。住民の暮らしの目線から見れば、デメリットも多い。たとえば仮設住宅などで、明らかに認知症の症状が増えているという。ふるさとを喪失してしまい、場所から場所への空間の移動もその大きな要因だろう。実は失われたふるさとでも、津波で流された自宅跡地（写真1）で畑を耕している高齢者の顔に、笑顔が戻ることがあるという。

写真1　津波で流された自宅跡地で耕されている畑

高齢者自らが主体的に物事に働きかけることは、常にボランティアなどの手助けによって当たり前のように受け身になることとは異なり、睡眠障害や認知症の予防にも役立つようである。

しかし現実には、自宅を含めて自分のふるさとが「災害危険区域」に一方的に指定されて、住宅地でもないところに建てられた仮設住宅に移動させられた被災者には、移動の手段すらない場合がある。それまで通っていた市内バスの運行区間が変えられて、仮設住宅から元屋敷まで行くには自家用車しか手段がないというある高齢者が、今は元自宅の数百メートル手前で止まっているバス停留所を元に戻してほしいとつぶやいているのを筆者は聞いた。この女性の訴えは、数百億かかる防潮堤の建設や立派な道路の敷設を求めているわけではない。誰のための復興かということをまず第一に考え、現場で聞き耳を立てて被災者の要望を政策に反映する人がいればよいだけのことである。それができる人がどれだけいるのだろうか。

†人間観の相違

震災後、津波のリスクが現実のものとして顕在化することで、海辺で暮らしや生業を成り立たせることのリスクが可視化され、危険で誤ったものであるという認識が国民の間で広く共有化されていった。

ただし、もちろん地元や全国から、巨大な防潮堤建設への批判や反対もさまざまな形で

写真２　岩手県釜石の防潮堤に、海が見えるようにとつけられた透明なアクリル板の窓（佐々木博之撮影）

巻き起こった。それに対して、政策担当者は全く耳を傾けなかったかというと、さすがにそうではなかった。そして居住や環境、景観や観光などの観点から防災を統合的に捉えるべきだという提案、すなわち海が見えないのは何とかするべきだという提案を考慮して、流水率や浸水深からシミュレーションを割り出す工学的発想に基づく土木政策の担当者の出した結論は、こうだった――防潮堤の高さは変えずに、コンクリートで覆われた壁面に目線に合わせた「小窓」（写真2）をつける、というものである。

　半分笑い話である。つまり、これで海が見えるからあなた方は納得がいくでしょうという短絡的な発想なのであるが、それが現実の政策として実行されていることは不気味ですらある。国交省内部の非公式な会合で、海岸の政策を取りしきる幹部による説明で開陳されたのは、図面を示しながら、戸建て住宅の一階は津波が抜けられるようにし、二階以上に居住することで「安全」が確保されるようになって大変素晴らしいという自己評価であった。

これだけ高齢化した社会のなかで、二階に高齢者を上げてしまえば、集合住宅のようにエレベーターも設置できないのだから、どれだけ家から外に出ることが億劫になるだろうか。そういう想像力が、この人たちには働かないのである。高齢者が閉じ込もれば、近所づき合いでのコミュニケーションがなくなり、認知症のリスクも高まるだろう。

これまで、人生の多くの時間を海辺で過ごしてきた人びとにとって、その土地での日常生活こそがすべてなのである。そういった現実を見ずに、いつ来襲するかもしれない津波だけに対処すべく、あたかも案山子《かかし》のようにひたすら立ちんぼうをしていろというのだろうか。そこには、人びとを安全の局面でしか取り扱わない硬直さがある。これはもはや安全の問題ではなく、人間観のあり方の相違の問題であるように思われる。

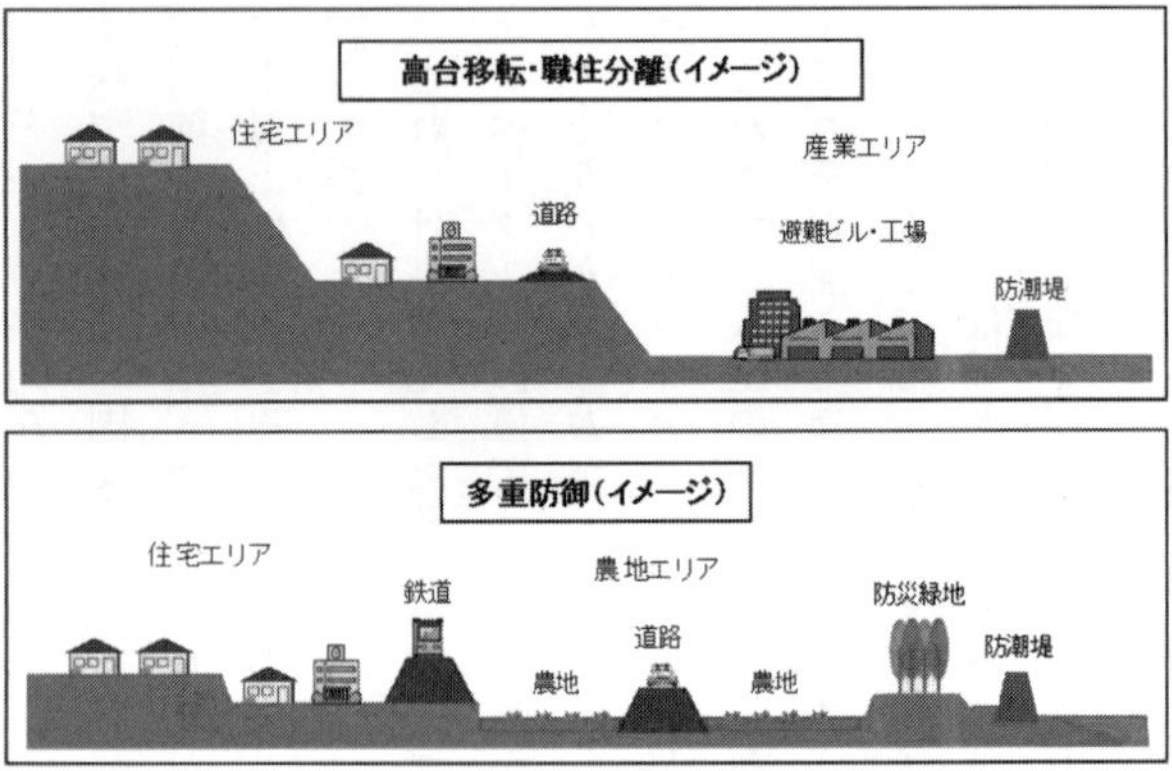

図1　宮城県が打ち出した復興のイメージ（第1回みやぎ復興住宅整備推進会議「宮城県の復興まちづくり」2011年6月3日）

†人間不在の鳥瞰図

東日本大震災では、津波のシミュレーションによって災害後の土地利用と住民生活を決めた。このような災害は日本で初めてである（特集「東日本大震災1周年・レジリエント・ソサイエティ」『建築雑誌』）。さらに、原発事故後のフクシマで、放射線の空間線量による設定区域およびその見直しによって生活が細断されていったのはご存知の通りである。すべて高所から見た鳥瞰図の視点である。広範囲に及ぶ災害を理解するためには上空からまなざす視点は確かに便利である。

しかし、土地利用を描いた行政計画には上から線が引かれているが、そこに人間が描かれることはない。当然といえば当然かもしれない。

歩いたり話したりしている当事者の目線は、せいぜい背丈ほどの高さしか持ちえないので、そもそもナスカの地上絵のように上から神か鳥のようにまなざしていることなど日常生活では皆無である。当然その帰結は、暮らしの目線の高さとは程遠いところで議論した結果とならざるをえない。

図2 「アサヒグラフ」1923年10月特別号「大震災全記」表紙（ワイゼンフェルド2014より）

このような科学技術と復興政策が生活の論理に先立って結びつくことになった経緯を、災害と復興の視覚文化論の見地に立って、九〇年前の関東大震災から読み解いたのは、ジェニファー・ワイゼンフェルドである（ワイゼンフェルド二〇一四）。彼女は、カメラとテクノロジー的視覚化技術によってもたらされたさまざまな見方が、視覚的権威を行使し、人びとの認識に大きな影響力をもったことを示している。

たとえば、一九二三年の関東大震災における「アサヒグラフ」の表紙を飾った写真（図2）を見てみよう。炎上するまちを遠くから捉えた航空写真を掲載している。このように被災地を撮影した航空写真は、地上の人びとを豆粒のように見せ、被害の拡がりを強調することで、スケールと規模を表現し、個々の生命の損失よりも、文明や都市の破壊について多くを誇大に語る。

航空テクノロジーによって新たに獲得された鳥瞰図は、写真の視野の広大さを増幅し、見る者と被害とのつながりの〝非人格化〟を進めることになる。そして、その後の大規模な都市復興の成果を航空的ヴィジョンの時空間的拡がりとインパクトで増大させようとする。このような見かけ上の全体性は、日本政府にとっては有用だが、他方で人びとを戸惑わせるものであり、関東大震災の出来事の意味や復興がもたらす効果を完全に包摂することはできなかったとワイゼンフェルドは述べている（同上：五八〜六〇）。

†生存とは、よりよく生きるということ

ワイゼンフェルドの論理とパラレルなのが、関東大震災後の「帝都復興の儀」と「人間の復興」の対比である。時の内務大臣の後藤新平は、理想的帝都建設に邁進しようと、「帝都復興の儀」と題する復興計画案を打ち出した。これに対して、大正デモクラシーの旗振り役で福祉国家論の推奨者でもあった厚生経済学者の福田徳三は、復興事業の第一は、生存の機会の復興を意味する「人間の復興」でなければならないとした（山中二〇一五：三六六～三六九）。

人間の復興は、大火によって破壊された生存の復興を意味するものだった。生存するためには、生活し、営業し、労働しなければならない。つまり、生存の機会の復興は、生活・営業・及び労働機会（福田は総称して営生という）の復興を意味する。道路や建物は、この営生の機会を維持し、擁護する道具立てに過ぎない。それらを復興しても本体であり実質たる営生の機会が復興されなければ何にもならない、と福田は断じたのである。ここでいう生存とは生物学的な生死ではなく、生活をする権利に近いニュアンスだろう。

このように九〇年以上前の事象から、阪神・淡路大震災やそれに続く東日本大震災にもつながってくる視覚的系譜が見てとれる。真上から垂直にまなざす政策が立案されるが、それは無数の争点が潜んでいることを軽々と覆い隠してしまう。航空技術やカメラと政治との奇妙な結びつきは、千年災禍の規模の大きさからしか論じられない自主規制を生み、それを当然のことと思わせてしまう装いの自然性を多くもたせることになる。

すなわち、災害における「高台移転」、「防潮堤」や「災害危険区域」、そして「原発避難区域」の議論は、科学的因果関係のもと、いつのまにか被災者の暮らしの目線を通さないままま、生きるか／死ぬかという単線的な生存の議論にすり替わっている。そのことに私たちは改めて気づき、驚かされる。

二〇〇四年に起こった新潟・中越地震では、新潟県旧山古志村《やまこし》（現長岡市）の復興担当者によれば、山古志村の復興は、最初に墓地が直され、二番目に田んぼ、三番目に養鯉池、そして神社も早期に再建され、最後に住宅がつくられたという。山村の住民にとって地域で暮らしていけるのは、先祖の存在（墓）と、先祖がつくり上げてきた田んぼや養鯉池、コミュニティの象徴としての神社があってこそだったからである（島田二〇一五：三九九）。今回の震災での多くの議論は、視覚情報では現れてこないこの死者という問題が棚ざらしにされていることがこの比較において明らかである。

生者と死者が織りなす関係性を素通りして、そこでよりよく生きるという文化的な営みが大きく後退させられている。生存の議論が科学的なシミュレーションに乗っかって、唯一の正しい解であるかのように自然さを装っている。今回問われているのは、震災における私たちの想像力と構想力ではないだろうか。

2 リスクを内部化する——震災学の狙い

†引き受けるしかない大規模災害のリスク

個別のケースはさておき、津波の浸水によって居住を制限する災害危険区域の施策の誤りは、数値から見ても際立っていることを示してみよう。

ここに興味深いデータがある。東日本大震災における津波により浸水した区域を仮に日本全国に当てはめた場合の推定値である。海岸線からの距離が一〇キロ以内で標高三〇メートル以下の地域で試算して計算すると、実に日本の国土の一〇パーセントにあたる約三万七〇〇〇平方キロメートルの面積に、総人口の三五パーセントにあたる四四三八万人が居住していることが国土交通省の分析で明らかになっている。

さらに、人が居住することが津波浸水のシミュレーションによって危険だというので制限がかかっている、いわゆる災害危険区域に指定された三県（岩手・宮城・福島県：二〇一三年四月現在）での範囲は一万三一四七ヘクタールにのぼっている。あまりピンとこない数値かもしれないが、これは皇居を含む山手線の内側の面積が約六三〇〇ヘクタールなので、実に二倍以上の面積にも及ぶ広大な土地が〝住めない〟国土となっているのである。不思議なことに、猫の額ほどの領土問題に過剰に反応する一方で、これだけの国土の喪失に対しては過少なまでに無関心であるといえる。

さらに土砂崩れや洪水、地すべりや活断層、火山あるいは台風、竜巻などさまざまなリスクを掛け合わせていくと、災害列島といわれる日本の国土全体において安全に住める土地はほとんどないとさえいえる。

福島のある工場が津波で被災し、当時円高ということもあり、より安全な海外移転を進めてタイに工場を建設しようとして土地の売買契約にこぎつけた。ところが、タイで首都バンコクをはじめ大きな被害を出した大陸型の洪水に遭遇し、計画は白紙に戻ったという。笑うに笑えない逸話である。顕在化したリスクを避けた結果、新たな潜在的なリスクを背負い込むという、自然と人間の避けられない関係を如実に示しているともいえるだろう。

すでに高台移転の土地でも、大雨の際に土砂崩れが確認されている箇所が多数ある。津波のリスクは避けられるようになったかもしれないが、命に関わる別のリスクを増大させているのである。

これらが端的に示すように、今回と同規模の地震と津波のリスクがゼロに近い場所に、すべての人が住むことができない以上、われわれに問われているのは災害リスクとどのように共存すればいいのか、ということである。言い方を換えると、リスクを完全に排除するのではなく、どのようにしてリスクを受け入れて共存すればいいのかを考えることが実践的に求められている。そのヒントとなるキーワードが、レジリエンスである。

†しなやかなレジリエンス

同じ地震といっても、被害やその復興のあり方にはかなりの大きな違いが出てくる。というのは、十全に震災に対する備えがあるかないかによって、その後の対応が随分異なってくるからだ。とりわけ、自然災害においてその猛威やリスクを低減できるかどうかは、当該社会がレジリエンスを有しているかどうかに大きく左右される。

レジリエンスとは、直訳すれば「回復力」とか「抵抗力」である。もともと物理学の用語であり、発達心理学や社会学に転用されている。体にたとえると、同じウイルスがあっても インフルエンザに罹患《りかん》する人と罹患しない人がいる。その差は、抵抗力があるかどうかや、免疫があるかどうかにより異なる。レジリエンスがあれば、インフルエンザに罹《かか》ったとしても健康への回復はない人に比べれば早いということになる。人工的にレジリエンスを高めることも可能で、インフルエンザの場合、予防接種もそのひとつの方策だろう。

転じて、災害時におけるレジリエンスの向上とは、困難な危機に直面してその状況に適応しながら、一方でいざというときに備えて危機を許容する幅を拡げておくことにある。壊滅的な状況のなかで見逃されがちな、地域内部に蓄積された問題解決能力をレジリエンスという言葉は射程に収めている（浦野二〇〇七）。

『レジリエンス 復活力』の著者であるアンドリュー・ゾッリは、社会的レジリエンスを決定づける最大の要因は、コミュニティの適応能力で危険を察知して介入し仲裁する能力であるとする。そのうえで、権威主義的な押しつけによってはレジリエンスは得られず、人びとの日常生活と密接に関わる社会構造や人間関係のなかで育まれなくてはならないと警告を発し、成功裡に終わった事例と逆に適切な介入が遅れたケースを挙げている（ゾッリ二〇一三：二八一）。そのうち、ゾッリが紹介している失敗したパターンをここで簡単に見てみよう（同上：二八二〜三〇二）。

†バングラデシュのヒ素中毒問題――奪われるレジリエンス

バングラデシュでは、全世界の自然災害で命を失った総数に匹敵する毎年二五万人もの人びとがコレラや腸チフス、肝炎などの病気で亡くなっていた。国際機関やNGOによる支援によって手押しポンプ井戸を設置することできれいな飲料水を汲み上げることができた。ユニセフによって設置された井戸は一九七八年には三〇万本以上にのぼり、五歳以下の乳幼児死亡率は一九七〇年の二四パーセントから九〇年代後半には一〇パーセント以下まで下がった。このモデルは称賛され、南アジアなど他の諸国へのお手本とさえいわれるに至った。

ところが、一九八三年にヒ素中毒の初期症状があらわれた。ヒ素は無色無臭で化学分析によって初めて検出される。一九九三年にはバングラデシュ全域で四万人に皮膚病変が確認された。WHOは、汚染水の井戸水を飲料した一〇〇人に一人がヒ素に起因する癌で死亡すると予測したが、ユニセフと政府の反応は無関心そのものだった。一〇年以上も経過した一九九八年、ユニセフはようやく危機を認知したものの、すでに食糧生産のサイクルによって人びとは高濃度のヒ素を摂取するようになっていた。

二〇〇〇年には政府は、約一〇〇〇万本の手押しポンプ井戸のうち半分はヒ素に汚染されていると推定した。三〇年以上推奨してきた国の政策の大転換は、文字が読めない国民に向けては効果的に進めることができなかった。そこで、政府は世界銀行の支援を受けて、五年の歳月をかけてすべての井戸の検査を行い、汚染された井戸と安全な井戸をそれぞれ赤と緑に色分けし、視覚的にわかるようにした。

しかし、これもうまくいかなかった。ゾッリは、大幅な行動の変化を促すには、多くの文化的規範やタブー、動機の理解、その他さまざまな知識を要する多面的な活動が大切であるという。つまり色分けは視覚的な効果でうまくいくように思われたが、そう単純な解決方法ではなかったのである。色分けは外部から押しつけられた、技術主導の一度限りのものであったからである。

水の利用には、少女を含め女性が大きく関わっていた。安全な井戸があっても、女性がそこに出向くことが社会的に容認されないというケースがあったのだ。近くに安全な緑の井戸があるのに彼女たちが使わなかった例として、たとえばモスクの真正面にあり、宗教的文化的規範が行動の変化を阻害していたという事例がゾッリによって挙げられている。

安全な緑の井戸に並んで口論に巻き込まれるぐらいならヒ素の水を飲むほうがましだという話や、赤の汚染井戸の近くに住む若い女性は結婚できる見込みが低くなるというので安全な緑の色に塗り替えたり、すでに罹患していることを隠すために、汚染された水を飲み続ける人も出ていた。赤い井戸に変わる安全な手段がないので、糞便で汚染された危険な水を摂取し飲用する人も現れた。

問題は、変化する複雑な社会システムに対して、一度しかヒ素汚染対策プロジェクトが実行されなかったことにあった。最後にゾッリは、トップダウン型の官僚機構の対応が極端に遅く、社会的介入が地域の複雑な文化を考慮せずに行われたことや介入の影響を直接的に受ける人びとを計画に参加させる努力を怠り、各組織が階級差別的な発想から、貧しい人びとに何ら貢献する力がないと思い込んでいたことなどが、ヒ素中毒から回復するレジリエントな力をことごとく奪ってきたと指摘する（同上：二九〇～二九一）。

†レジリエンスのふたつの方向性

以上のようなバングラデシュの状況は、今回の震災被害を受けた私たちの社会に全く無関係といえるだろうか。復興過程における立派すぎる計画は、人びとの暮らしのしなやかなレジリエントしていく力を奪ってはいないだろうか。早期の復興の掛け声のもと合意形成がなし崩し的に実施されていく傾向が震災の場合は顕著で、中央集権的なパターナリズム的な政策に陥っているケースが散見される。

今回の震災で、とりわけ津波の被害が甚大であった現場で見えてきたレジリエンスの方向性は、大きくはふたつある。ひとつは、被害の大きかった場所から撤退したり、津波によるダメージや物理的損失を未然に防ぐことで日常生活に支障をきたさない状況を目指す方向性である。もうひとつは、生活を共にするコミュニティの維持・継続を目指した先に、被災後も派生してくる複合的な災害リスクが包括的に低減される状況を目指す、という方向性である。本書は後者に位置づけられる。

災害は、とりわけ人間の存在を、生命の危機とその後の生活の困窮へと追い込む。いわば、それまで優しく包んでいた文明という衣を剝ぎ取って、生身の動物的な存在にしてしまう、とても厄介な存在である。それに対して、国などの図体の大きな行政機関では行き届かない面が当然出てくるし、むしろ平常時のシステムで機能しようとするので小回りが利かない側面を少なからず含んでいる。

津波ひとつとっても、その対応は難しい。自衛隊が重機などを用いて夥しい瓦礫で埋まっている箇所を片づけ、緊急物資が通る道をつくったといわれている。しかし、実際には瓦礫で埋まってどこが道路か住宅か何かわからなくなったところに、自衛隊がすぐ道をつくれるわけではない。消防団など地元の人びとが工事現場の重機などを使って、最初に道を切り開いたのである。これを啓開《けいかい》と呼ぶ。この地元の人びとの活動が十全に機能していたため、いち早く避難道を確保し物資を避難民に届けることができたのである。

さらに避難物資が届かない離島や三陸沿岸では、事前に物資の貯えがあったし、浜の漁師たちは、大きな冷蔵庫を所有し、そこに魚介類が保存されていた。避難所のなかには、毎日鯛やアワビ、魚介類の詰まった味噌汁がふるまわれたところも数多くあった。農家なども自家発電機や食料の貯えがあり、当面の緊急事態に対して対処できる仕組みになっている。このように、災害後のコミュニティの維持・継続を見据えた仕組みがすでにレジリエンスとして組み込まれているといえる。

†内部条件としての震災学

以上のように、本書『震災学入門』では、災害を文化的現象あるいは社会的現象として取り出し、人間社会の内部条件として扱う。そのような扱い方は、たとえば次のようなエピソードに典型的に表れている。

津波常襲地の三陸沿岸で、ある父親が息子に向かって、念を押すようにこう諭すのを聞いた。「いいな、お前の生きている間に三度津波に遭うからな」。これは、津波があるということを前提に、日常生活の備えをしておけという教訓を与えているのである。命や財産を奪う津波が人生のうちで三度もあるならば、海を離れて内陸部の安全な土地に住むことを勧めているように普通なら聞こえるかもしれない。ところがこれはそうではない。日常生活の一部として津波を〝飼い馴らす〟ことができれば、海がもたらす恩恵にあずかれると言っているのである。

あるいは、こういうこともある。津波のことを嵐と呼んでいる漁師に出会った。嵐と呼ぶことで、私たちの手の届かない津波から、災害のあと、終わることのないまたいつもの日常に戻れるようにという願いを込めているのである。ハレ（非日常）とケ（日常）の循環に回帰できる心象の表れとして捉えられるだろう。震災後、即座に海に出て、海の潮風を吸って元気を出して、朝日が上がり始めると、神々しい大自然の美しさに感嘆している漁師の姿がそこにはあった。

また、気仙沼市唐桑《からくわ》の漁民に聞いたときも、「普段穏やかだけどなんで（津波として）荒れたのかなぁ」と語ってくれた。普通オカ（陸）にいる私たちは大津波に対して荒れたという表現は使わないが、漁師は普段ヤマが荒れると表現するなど、山を見上げて天候が悪くなり風が吹き海が荒れる前兆として捉えていることなどから判断すれば、天候予知における漁民の自然への対峙は、常に自然との対話によって成り立つといえるだろう。

海に背を向けることなく海で生業を営む人びとは、海と遠く離れて住むようなことはない。たとえ命や家屋を流されたとしても、津波を日常の連続性のなかに組み込んでいるのである。漁師や海の近くで暮らす人びとでも、流されればまた建てればいいだけの話とかなり割り切った言い方をする人はかなりの数にのぼる。

しかし、このような日々の暮らしの水準における時間は、自然科学者のフラットな時間軸に対して、かなり濃くて、自分が生きる前の時間は、三〇年前も何万年前と同じように現在から比べれば薄いのである。極端な話でいえば、自然科学者のもつ時間軸の見地からは、今日明日を争うような痴情の縺《もつ》れや殺人は起こりにくいといえよう。なぜなら、憎悪をもっている対象は、何百年何万年さかのぼった人びとではなく、自分を取り巻く今を規定する、痴情に駆られた人間関係に端を発するからである。そのことを考えれば、社会科学の想定範囲は自然科学者のそれよりも時間と空間において狭量にならざるをえないが、人生と場所において濃密さをもつといえる。

彼女ら彼らの生活の論理から眺めてみると、大津波という人知を超えるような災害は、時間が経過するにしたがって現実の生活場面に回収されうる。もちろん当初は、人びとが受けた衝撃や喪失感はそこを離れるのに十分大きなものであったが、時間の経過とともにそれぞれの生活のなかに災禍が組み入れられてきている。

†災害を日常に組み入れる

自然と人間の格闘において、一時期、災害はやがて近代技術によって克服されるだろうという淡い期待にも似た思想があった。しかしこれは、近年の災害の激烈化を見るまでもなく幻想であったことが明らかである。では近代技術のなかった頃は、圧倒的な自然の猛威を前にして、一方的になすがままにあったのかといえば、必ずしもそういうことはない。日常世界のうえで、災禍を必ず展開する転換点が存在した。そうでなければ、私たちの暮らしや人生は鬱屈としたままの文化や文明であったに違いない。

災禍が日常のもとに組み入れられることを、人びとの立場から考えたのが、常民の視点から物事を考える民俗学であった。民俗学者の宮田登は、近世期以降、飢餓との時期が合致しているという口碑《こうひ》にある巳の年に、五月、一一月の期間に二度目の正月を祝って、災厄である不幸の年を人為的に終わらせ豊年の年へと転換させる信仰的な儀礼を紹介している（宮田二〇一〇：六五）。

稲作農耕社会において、飢餓と豊作は交互に繰り返される。そうであるならば、いち早くやり過ごし、豊作の再来を待とうということになる。絶対的ユートピアではなく、季節のリズムによって日常と連続した先に期待される相対的ユートピアの思想は、循環的時間観がもたらす幸不幸の波の周期を短縮する呪術儀礼を生み出したのである（浅羽二〇〇四：一八一）。

そして、これは大地震などの破局的な自然災害においても、一種の「世直し」として人びとに受け入れられていたことを宮田は指摘する（宮田二〇一五：二二六）。鯰《なまず》絵に現れている大地震によって、金持ち長者の背を叩き、金を吐き出させ、これを下層町人たちが拾う。幕府から出る救い米を善政と讃え、財の再分配の機能を果たしていたことを捉え、破壊者として憎まれる存在としての鯰と救済者としての崇拝される存在という両義性があると、災害であるはずの地震を民衆の立場から位置づけしなおしている。

また、歴史経済学者の岩本由輝は、歴史資料を繙くなかで、東日本大震災から一一四二年前の貞観《じょうがん》津波の際には、当時の天皇が、詔のなかでこの地震・津波について「百姓、すなわち人民は何の罪があってこうした災厄を被るのであろうか。（予は）自失し、恥じて懼れ憚かるばかりであるが、責任は深く予（天皇）にあるのである」として為政者の言質を倫理に絡めて析出している（岩本二〇一三：六）。自然神として天皇と重ねるとすれば、当時の状況としては、地震や津波を引き起こした責務を天皇が負っていることは為政者として当然の成り行きかもしれない。

本書の震災学の立場では、災害を、科学的な因果関係で取り結ぶようなシミュレーションとして外部化するのではなく、人間社会の文化的寛容さを内部条件化していくものとして扱おうとしている。

日本は世界で稀に見る四つのプレートの境界に隣接し、世界の九割以上の地震が頻発する地帯にあり、さらに台風をはじめ急峻な山々に囲まれた土砂災害や洪水に見舞われる災害列島である。この事実と、人びとのもつ多幸感はあわせて考えるべきだろう。すなわち、日本では、他国のように幸福を増幅させることで生活を成り立たせてきたというよりは、おのずと災害などに遭わない形で無事であり続け、不幸が起こらない仕組みや心情を有史以来築き上げてきたといえるだろう（古川二〇〇四）。

社会史の見地から災害と民衆の関係を研究してきた北原糸子は、地震や火事などの災害に対して一般民衆が世直りへの期待感から歓迎し、ある種の至福感までをもって捉えていることを考察している。たとえば、「火事と喧嘩は江戸の華」という言葉を取り上げて、なぜ火事が災害であるにもかかわらず、陰惨さを予想させない江戸の華というプラスの表現につながるのかと問うている（北原二〇一三）。

江戸中期以降、遊郭吉原にとくに火災が頻発した原因は、遊女自身の放火だという説がある。吉原が大名など上層階級の粋人の遊女から、江戸市民の遊女へと大衆化するなかで、遊女への締めつけが厳しくなり、それへの反発が鬱屈した心理を辿り放火という形をとってあらわれたのかもしれない。火災はいつの時代においても自然災害の枠内にだけとどまるものではない。災害史を従来の収奪理論の枠組みから、新しい枠組みのなかで理解する可能性を拓いており、大変興味深いといえる。

†生を生き抜くための智慧の集積地

今回、津波被害のあった三陸沿岸および太平洋沿岸域は、三〇年後の世界が先に来たといわれている。つまり、沿岸部から資金のある若年世代が都市中心部に移動することで、高齢化や過疎化が圧縮される形で雪崩を打って一挙に到来していることを指しての表現である。

そうであるならば、三陸沿岸を地理的辺境である陸の孤島として扱うよりも、危機に晒された生を生き抜くための智慧が集積した文化的中心と置くべきだろう。社会変容の形成基盤がどのようにつくられるかを、タイムマシンを使わずともすぐそこに行けば知ることができる。このことは単なる復興というよりは、来るべき高齢化や過疎化の「先進地」として被災漁村に着目することによって、より深い洞察が現場で求められることにもなる。いつでも〝われわれの問題〟として主題化できる可能性を秘めているということでもある。

以上のように、高齢化や過疎化それに大津波などの大災害のさまざまなリスクを内部化させる仕掛けを見ることで、人間がどのようにそこで生きていて、またどうすればよりよく生きられるのかという問いを発することができる。

本書では、東日本大震災という千年災禍を目の当たりにした後、災害リスクに対して人びとや地域コミュニティがどのように脆弱性（ヴァルネラビリティ）を吸収し、回復する力（レジリエンス）を保持しているのかを現場から問いなおしていきたい。

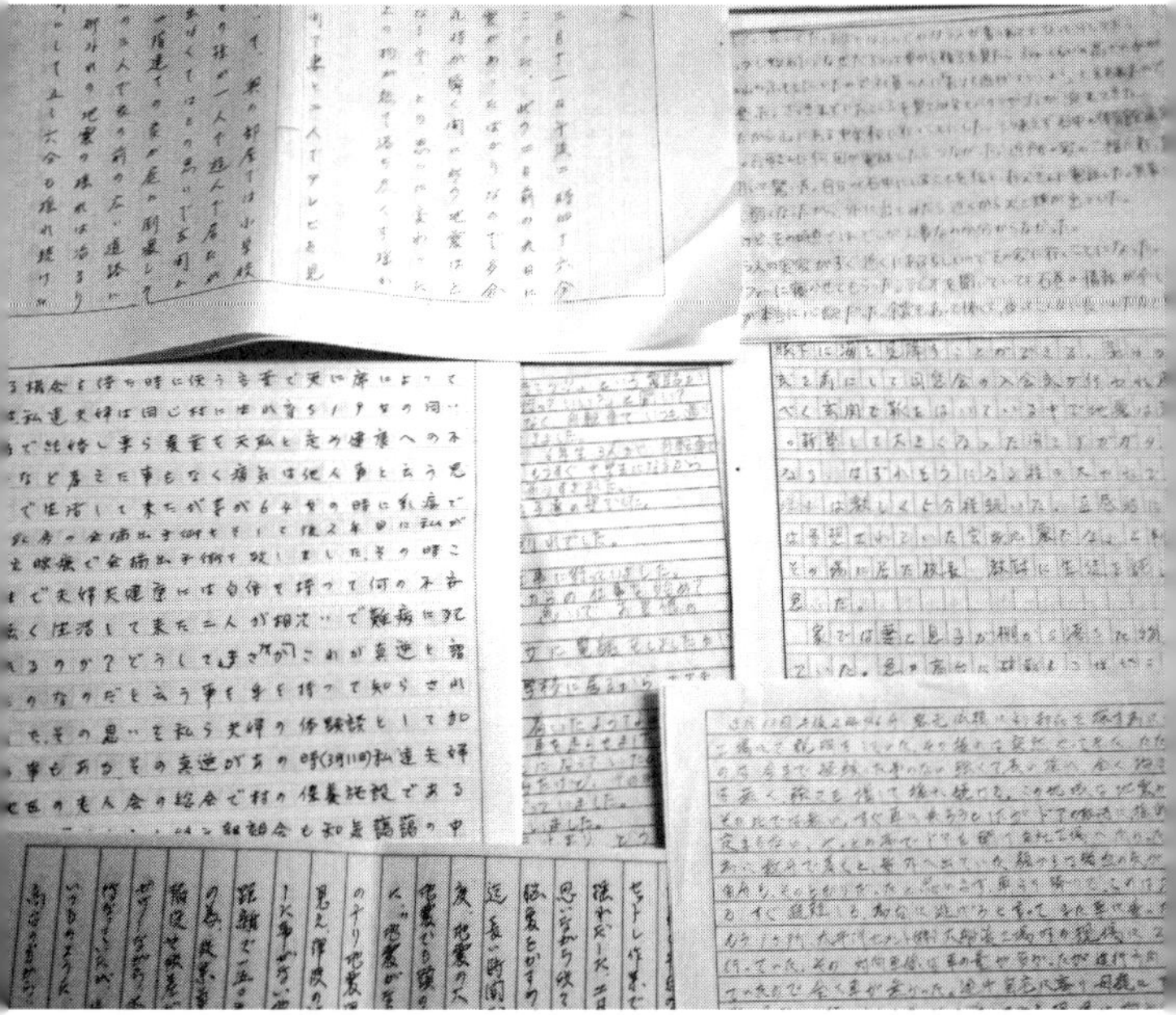

第２章

心のケア
――痛みを取り除かずに温存する

痛み温存法のもとになった大震災の当事者による記録。

大規模な災害によって、家族を突然失った遺族や惨事を目の当たりにした人びとは心的外傷（トラウマ）を負う。いわゆる心の病であり、それに対処する手段として、カウンセリングを主体とした心のケアの必要性が叫ばれた。

ところが、被災者がこうした心の回復の手段としてのカウンセリング行為を忌避している――そんな実態が東日本大震災を調査するなかで明らかになってきた。カウンセリングによって、痛みを除去することに対してむしろ強い抵抗があるという。

ではどうすればよいか。被災者自らが震災の記録を書くという方法がある。この記録という行為で、心の痛みを取り除くのではなく、痛みを温存する。この「痛み温存」法は、その痛みは当人にとって愛する家族との大切な思い出として、むしろ保持される。それが亡くなった家族との関係性を修復することにつながっていくのである。

本章では、コミュニティ・ケアからセルフヘルプ・ケアまでの幅をもたせることで、必ずしもカウンセリングに頼りたくない人やプレハブの仮設に住んでいない人でも対応できるケアの新しいヴァリエーションを示す。

1　なぜ心のケアは忌避されるのか

†心のケアの必要性

　ある女性は、愛する夫を津波で亡くして、ひどく落ち込み精神を病んでいた。震災当時、新聞に心の無料相談ボランティアの広告があって、その切れ端を切り取って大切にとっておいた。すぐにカウンセリングに行けるような状態ではなかったのである。心の回復をするのにも、そこに向かうまでの体力が必要なのである。

　そして、ようやく外に行けるような段階になって、そこに記載されている電話番号にかけてみると、すでに不通となっていた。支援とそれを受ける被災者のニーズがずれてしまっているという現実がそこにはあった。

　災害における突然の家族の死。それが現実でなければいいのにと、どれだけ多くの当事者が願っただろう。今朝あった何気ない会話が最後となった人、喧嘩したまま別れてしまったことを悔いる人……。多くの人が震災の前に戻ってほしいと祈ったことだろう。これら懊悩する人の声に真摯に耳を傾けるべき存在は、本来は宗教者であったり、心のケアを専門とするカウンセラーであったりするはずだ。

北海道南西沖地震以来、心のケアの必要性を提言し続けている藤森和美と藤森立男によれば、災害後に発生する被災者の心の問題は、阪神・淡路大震災の時代ではまだまだ軽視されていたという。その背景には、被災者の心の痛みや悲しみは個人的に解決すべき問題だとみなされ、放置されてきた文化的歴史的な文脈があることと、日本の心の健康に関する調査において、自然災害の体験は精神面に永続的な影響をあまりもたらさないとの報告がなされていることがあるという。

しかし、災害は被災者に大きな物理的被害をもたらすだけではない。目に見えるものだけではなく、被災者の心のなかに深い傷を継続的に残していく。藤森はこの点を指摘し、心のケア対策を整備していく必要性を訴えている（藤森一九九五）。大規模な災害で、家族を突然失った遺族や惨事を目の当たりにした人びとは、心的外傷（トラウマ）を負う。いわゆる心の病である。それに対処する手段として、カウンセリングを主体とした長期的かつ丁寧な心のケアの必要性が叫ばれている。

†カウンセリング忌避

ところが、そうした心のケアがうまく働かないケースが、東日本大震災後に数多く見られるようになってきた。心のケアに対する社会的期待と、現実が必ずしもマッチしないのだ。

両親を亡くしたある女性は、近所でも評判の心療内科医に赴いた。しかし一人一五分と時間的制約があり、聞いてもらいたい気持ちをもっていても十分に話すことが許されない。長くなりそうなのを察知した先生は、それは次回に聞きましょうとクライエントの希望を遮る形で診療を終えようとしてくる。そして強力な睡眠導入剤を多く処方された。

こうして、被災者はいわゆる心の回復の手段であるカウンセリング行為を忌避するようになる。こうしたケースは珍しいことではない。ある避難所に派遣された看護師に対し、現場の保健師が公然とこう訴えた。「避難所では『心のケア』と名乗らないでほしい」。なぜなら「心のケアと掲げる色々なチームが避難所を訪れ、被災者に質問するので、被災者が辟易して、他の避難所に移りたいと言う」からだという（読売新聞二〇一一年六月二二日付）。

実はこのような抵抗感は、すでに精神科医でもとうに把握済みである。阪神・淡路大震災の被災地で、こころのケアセンターに長らく携わっている加藤寛は、彼自身、被災地に入って当時避難者であふれた体育館や教室を回って体調や不眠などの相談を受け、必要があれば投薬をする活動をしていた。「精神科」の敷居が高いと思われていることは予想できていたという。そして、救援の医師としてふるまっているうちに精神科医とわかってしまうと、「こんな状況だったら誰だって苦しい。でも精神科の先生のお世話になるほど、おかしくなっていない」と婉曲に関わりを拒否されたという。住民の精神的・心理的援助に対する抵抗感には根強いものがあったそうだ（加藤一九九九：一五四）。

そこでどうすればよいか。待ちの支援ではなく、メンタルケアを受けたことのない被災者のもとに出かけるのだという。そして、援助を提供するアウトリーチ支援と呼ばれる手法を用いる。

訪問の際には、地域担当の保健師や他の支援者と行動を共にする。そして直接メンタルヘルスと関係しない、身体面の健康相談やレクレーション活動に加わることで、被災者のコミュニティに浸透し、馴染みのある関係をつくったうえで継続的なサービスを提供する、という工夫をする。

東日本大震災においても、宮城県の石巻市や東松島市などで活動を展開する「からころステーション」では、アウトリーチ推進事業の一環として心と体の相談所として避難所での支援活動を行っている。なぜ身体かというと、ストレスがかかると身体症状が強く出ることから、動悸や高血圧、食欲減退などの訴えが多く、身体化された症状が前面に出てくるので、先に体にアプローチしながら徐々に関係性をつくろうという試みである（「こころのケア・3年目の現実」『精神医療』二〇一三：七二号）。

このように、災害が発生するたびにPTSDなどの心のケアの拡充と制度化が叫ばれ、その方向で懸命に努力を続けている医師たちがいる。予算もつけられる。だが、注意が必要なのは、カウンセリング行為には質的にも量的にも大きな制約がかかっているという現実である。上記のように、被災者側には心療内科に対する大きな誤解がある。クライエントとカウンセラーとの間にしっかりとした関係を構築するためには、費用・時間・人材が圧倒的なまでに不足しているといわざるをえない。

†ケアの論理へ

それでは、震災後に数多く生まれるケアを必要とする人に、どのように対処すればよいのだろうか。私たちは、つぶさに現場を見ていくなかで、加藤が指すようなメンタルヘルスと一見関係しないものにこそ、実は重要なこころのケアが含まれていると感じるようになった。これは日常感覚での実感である。

こころのケアセンターでケア活動に従事した心理療法家の岩井圭司も、自戒を込めて、以下のように言っている。すなわち、個人が癒されれば集団も回復すると私たちは考えがちだが、被災地のコミュニティの互助機能を回復させることが心のケアの上で重要であるという逆方向の波及効果こそが重要であり、また必要なのだと強調している（岩井二〇一五：三二～三三）。

さらに心のケアに際しては、疾患を完治させたり症状を克服するというよりは、病をなるべく無難に経過させたり被災者の回復力を高めることが重視されるべきだという。岩井はこの考え方を「ケアの論理」と名づけている。

このような避難所や仮設住宅へのアウトリーチ型の包括ケアサポートは、機能するところでは機能している。だが一方で、冒頭の女性や睡眠導入剤を多く処方された方も、被災地で両親や夫をなくしていて、従来の「被災者」の枠組みから外れている。仮設住宅への支援という枠組みからも漏れている人びとである。

そこで、こういう人たちをもケアできる仕組みや創造的仕掛けが必要だろう。すでに、それはこの東日本大震災の現場から見えてきている。

そのような仕掛けを、以下では四つにタイプ分けして紹介してみたい。四つの新しいケアとはすなわち、①在来型コミュニティ・ケア、②抽選型コミュニティ・ケア、③非コミュニティ・ケア、④セルフヘルプ・ケア、である。順に紹介しつつ、そのケアの取り組みの違いを見てみよう。

2　四つの新しいケア

†在来型コミュニティ・ケア——感情の共有化

東日本大震災では、仮設住宅への入居の方法が従来の震災とは大きく変わった。これは、阪神・淡路大震災の経験を経て、新潟・中越地震以降の変化だといわれている。阪神・淡路大震災では、要援護者（高齢者・障がい者・要介護3以上）を優先する抽選方式を採用した。この方式は社会的弱者だけが入居する団地を形成し、数多くの孤独死を生み出したことはよく知られている。

そこで厚生労働省は東日本大震災後、各自治体に対して「東日本大震災に係る応急仮設住宅について」という通知を出し、仮設入居決定に関して留意すべき点を示した。それが「地域のまとまりごと」で仮設へ入居するという、地理的区分による選定方法である。隣の人が誰かがわかり、何かと頼むことができ融通が利くという旧来からの人間関係は、ストレス緩和やケアにとって大きな意味をもつ。そのため、人間関係や地域的紐帯をできるだけ壊さない形での仮設住宅への移行を促そうという政策である。

ただし、必ずしも今回の大規模災害においても地理的まとまりを得られたわけではなく、地理的制約から地域ごとのまとまりをもつものから、従来の公平な抽選方式、その混合型までヴァリエーションがある。

その地域のまとまりをベースとして、たとえば宮城県名取市の閖上《ゆりあげ》の仮設住宅では、仮設住宅入居後すぐに自治会を立ち上げている（詳しくは、「〝過剰な〟コミュニティの意味」金菱二〇一四所収）。自治会設立の背景には、仮設住宅の部屋に高齢者が閉じこもるようになり、このままでは阪神・淡路大震災における孤独死やアルコール依存症などの繰り返しになってしまうという危機感があったからである。

「化石と砂利の遭遇」と閖上の自治会長が名づけた取り組みがある。化石は高齢者で、砂利は子供たちを指す。世代の違う者同士がお互いを見るという考えで、「チャイルドパーク&ティールーム」といった工夫に活かされている。集会所でお茶を飲みながら子供たちを見守る「お茶っこ会」では、高齢者が子供たちの屈託のない笑顔に癒され、沈みがちな気分を明るくすることができた。子供のために「動物園」をつくったところ、高齢者が動物に普段、心の奥底でためている愚痴を吐露することで、癒しの役割も担うことになった。地元の方言を使いながら毎日あいさつ運動を実施していく見守り隊は、手の届かない被災者のこころのケアに間接的ながら介入していくことになった。

写真3　閖上仮設住宅桜大通りで談笑する（佐藤航太撮影）

　こうした自治会の積極的な実践は、行政支援やボランティア活動では把握できないことについて、かなり入念にサポートする仕組みを生み出している。専門家目線ではない生活感覚で、すっと誰しもが入っていける工夫がなされている。

この自治会では被災者自身による被災地ツアーを行っていた。仮設住宅は買い物に不便な場所にあるため、大型ショッピングセンターへの買い物に福祉バスを出したが、若者の行く場所であるため時間を持て余してしまった。そこで、自分たちが住んでいた閖上をまだ見ていないので、一度バスで行ってみようということになった。震災後初めて行った高齢者は、小高い日和山にのぼり、家がなくなってしまったとお互い肩を叩いて泣き合った。集会所にも行き、慰霊祭やイベントの練習のために「春の小川」や「ふるさと」などの歌を唄ったという。みなで楽しんでいる様子が訪れた際にも手にとるようにわかった。

さらに、自治会が開く居酒屋もあって、アルコール依存症を誘発するとして本来は禁止されているお酒を飲ませる会まであった。たくさんの方が亡くなって、飲みたくなる高齢者の気持ちがわかった。そうであるならば、ちびちび深夜ひとりで明け方まで際限なく飲むよりも、みんなで楽しく飲めばすっきりしてよいという逆転の発想である。

このようにみんな共同で泣いたり笑ったりして、感情を共有化させることで、心が折れそうな場面に対処していることがわかった（同上：二六〜三三）。在来型コミュニティ・ケアは、地域的なつながりをベースにして感情の共有化を図ることによって、一人だけで災害を背負うという重石を軽減する役割を担うのである。

✝抽選型コミュニティ・ケア——災害ユートピアの模倣

以上の在来型コミュニティ・ケアのような共同化の仕掛けは、従来からのコミュニティをベースにした仮設住宅における在来型のコミュニティ・ケアだけに通用するように思えるかもしれない。在来型のコミュニティ・ケアが理想的ではあるが、阪神・淡路大震災で指摘されていた抽選型の仮設コミュニティにおいても工夫次第でそれに近づけることが可能である。

写真4　志津川中学校グラウンド仮設住宅（小山悠撮影）

南三陸町志津川《しづがわ》の仮設住宅（志津川中学校グラウンド）で、抽選により入居前見ず知らずの間柄である住民同士がお互い親密なコミュニケーションを図ることができたのかどうかについて、小山悠らは現地調査した。その結果、理想のコミュニティであった避難所とは異なり、「自立」が重くのしかかる仮設住宅への対処法として、レベッカ・ソルニットの『災害ユートピア』を模倣する人工的な試みがこころのケアとして機能し、孤独死を防いでいることを明らかにしている（小山ら二〇一二）。

仮設の集会所ではお年寄りが集まってお茶飲み会や裁縫での寄り合いをしながら、他の家の幼児や小学生の勉強や遊びの面倒を他の住民が見る。あるいは、家でつくった食事を隣家へおすそ分けをする。

物干し竿が高すぎるといった問題を改善しようと始めた「縁側プロジェクト」では住民が一体となって作成し、近隣の家の分までつくってあげる。炊き出しの際に家から出るのが困難な住民がいれば、隣家の住民が取りに行く。

このように、住民同士の関係性は、孤独死や住民間のコミュニケーションの希薄さが問題視されやすい抽選の仮設住宅のなかにあって特異な例であるという。つまり、避難所の段階であれば、人びとが震災時特有の協働性のもと自然と一致団結して協力することを指してほんの束の間の期間を「災害ユートピア」といえるけれども、仮設住宅の段階では、復興の進展や個々の事情に齟齬が出て協力の気持ちも薄れ、多くの仮設住宅では停滞期に入ってしまう。

ところが、志津川では避難所ではなく、仮設住宅の時期に、毎日食事提供として炊き出しを行った。通常、各々の生活が主となる仮設住宅では、本来必要のないもので自立に向かう。しかし、住民の生活レベルをあえて共同飲食として〝平等〟にしたのである。常に人と顔を合わせる環境のなかで共同生活をしていた避難所時代においては、相互扶助の関係性が生まれていたので、この仮設住宅ではあえて避難所を模倣したのである。

生活者が行政やボランティアの支えに依存することなく、生活者同士で支え合うことによって、とっくに時期が過ぎているけれども、災害ユートピアが生まれやすい環境をつくり出したのである。自治会もなく個人情報保護法の観点から集会所の鍵や仮設住宅の名簿を警備会社に委託している地域に比べれば、孤立度や個人の災害後ストレスは雲泥の差が出るものと思われる。

†非コミュニティ・ケア――共感の作法

東日本大震災を考える際に、私たちが見過ごしがちな大きな問題がある。仮設住宅などの集合的なコミュニティには、マスメディアをはじめ、行政も研究者やボランティアも集まり、集中的に支援が行き届きやすいため、ケアは手厚いものとなりやすい。つまりプレハブ型のコミュニティは常に復興過程において可視化されやすい。そのため集会所に支援物資が届き、行政やボランティアによる支援の対象となりやすい。

今回の震災では、初めてみなし仮設といわれる制度が採用された。民間住宅を一定期間、国や地方自治体が借り上げて、賃料を負担する仕組みである。あまりにも広範囲にわたった大震災においてはプレハブの仮設住宅の供給が追いつかず、民間業者の賃貸住宅を仮の住まいとして応急仮設住宅と同じものとみなした。みなし仮設は震災前の従来の地域から離れているので、必要な情報や支援物資も届きにくい。また行政からもみなしの情報が支援団体に個人情報保護の問題の関係上あげられず、外からは全く普通の生活をしているために孤立化しやすい傾向にある。

宮城県仙台市だけ見ても、一年後の仮設住宅の割合は全体の一四パーセントがプレハブの応急仮設住宅（約一五〇〇世帯）であるのに対し、みなし仮設は九割近い八六パーセント（九三五〇世帯）で、仙台市（宮城県）外からの入居者は二二パーセントを占めている。これを見ても決して少なくない数の人びとが、報道のまなざしからいっても「被災者」像から抜けて落ちていることがわかる。それは集合仮設のように炊き出しやイベントなどの視覚情報はなく、日常の支援は「絵」になりにくいからである。

仙台市社会福祉協議会の主催するみなし仮設の居住者対象の集い、「同郷サロン」を学生たちとお手伝いをしている社会福祉専門家の阿部重樹は、生活再建への焦燥、経済的不安、望郷の念や孤立感など簡単には解決の道筋のつきにくい問題を指摘している（阿部二〇一三）。そのうえで、一般の高齢者支援と非常に似通っている点があり、内容は災害が起きなくてもいずれ必要になる問題ばかりで、みなし仮設への支援を突破口に新しいシステムや方法を見出すことができれば、超高齢化への光にもなるという（阿部二〇一三）。

在宅被災者（自宅避難者や在宅避難者）と呼ばれる、応急仮設やみなし仮設にも入れず、被災した自宅に戻って、「自己責任」のもとそのまま生活を継続している人びともたくさんいる。一階が津波にあったが二階が大丈夫だったので、自宅は流失していないとされて避難所への入居を物理的制約から断られるケース、要介護者・障がい者を抱える家族やペットを飼っている人などのケースなど、さまざまである。

自宅にいるということで、日本赤十字社によるテレビや冷蔵庫などの家電六点セットの支給も対象外となる。自宅修繕やローンなどの相談窓口もなく適切な情報もおりず、在宅被災者の支援をするＮＰＯなどにも活動費がおりないなど、行政にも実態が把握されていないケースが少なくない。自分たちは家もあるので、家を津波でさらわれた人よりもましだということで、声もあげられないサイレントマジョリティになっている（岡田二〇一五）。それに対して、石巻で拠点をもつ「チーム王冠」は、在宅被災者の「支援空白地帯」に積極的に支援に入り、約九〇〇〇人もの在宅被災者と関係を築いている。

さらに、私たちは「被災者」という言葉をよく使うが、このカテゴリー自体震災の実態を逆に見えにくくしてしまう危険があることを現場で教えてもらった（金菱「共感の反作用」、金菱編二〇一六所収）。それは、いわゆる応急仮設住宅には行政やボランティア団体から多くの支援が行き届き、マスコミもそれを報道しているが、津波はかぶっていないが両親を津波で亡くしたある女性は、現地の情報も来ないし、私は「被災者」ではないのかという問いかけであった。食事ものどを通らず、外出もすることができず、心療内科医に赴いても、時間的制約のもと打ち切られ、多数の睡眠導入剤を処方されるのみで、昼夜ともなく眠り続ける日々が続いた。

グリーフケア（悲嘆ケア）の集《つど》いに出ても、注目されるのは小さな赤ちゃんを亡くした母親ばかりで、マスコミも彼女らにばかりインタビューを行う。無理を押して出たにもかかわらず、こころのケアとしては逆効果になってしまった。

辛うじて社会につなぎとめてくれたのは、大震災の風化防止のスピーチコンテストであった。偶然のきっかけで誘われていたが、被災地で話すには、たくさんなくした人もいるなかで自分が当事者資格をもつのかどうか自信がなかった。しかし、彼女は震災の体験を人前で話すことで、三年半経ってようやく父母が亡くなったと認めることができたという。

筆者が彼女から学んだことがある。しばしば私たちは、一〇〇〇年という規模から被災者の悲劇性を強調する。しかし彼女は、被災者にとって震災は死んだ人数などの数値で計れるものではなく、震災はその人のなかで〝マックス（最大）〟の経験であるという。そして、他からのフィルターを通して共感できるものはないと言っていた。彼女の場合であれば、もっとたくさんの人が亡くなっているとか、家を失っていないとか、それに比べてましなので我慢するべきであるというプレッシャーを常に受けていた。人生のものさしで災害を測ってみなければならない。それぞれの被災者にとって、その災害の意味づけに大きいも小さいもなく、すべてその人だけの経験のもとでは平等なのである。

この災害の平等性（常にその人にとっての震災とは何か）を確保できることが、震災における共感の作法である（同上：九二）。このものさしをもっていないと、一メートルと一〇〇グラムを同じものさしで測るようなことになり、それが被災者にとって大きな重荷になっていることがわかってきたのである。

†セルフヘルプ・ケア——記録筆記法

被災者同士でもタブーがある。それは亡くなった人びとの壁である。家族をなくした遺族から話を切り出されれば自分たちも話すが、そうでない人に対しては話さない。家族をなくした遺族も、家族が亡くならなかった人も、一線をお互いに設けている。つまり、コミュニティという集合的なものからも遠ざかり、かといってカウンセリング行為なども忌避している人にとっては、どういう形のケアのあり方がありえるだろうか。

東日本大震災の社会調査と現場から立ち上がってきた手法を見ることで、その解決の糸口を探ってみよう。この手法は、いわゆる心のケアとは異なるものである（詳しい経緯については、拙著『震災メメントモリ』新曜社、を参照）。

私たちは、東日本大震災からわずか一年後、『3・11慟哭の記録——71人が体感した大津波・原発・巨大地震』（新曜社、第九回出版梓会新聞社学芸文化賞）を刊行した。被災地域二七市町村七一人の切実な当事者の言葉が五四一ページ、五〇万字にわたってぎっしり写真も一切掲載せず、ひたすら被災当事者の「言葉」のみを綴った文字だけの分厚い出版物である。ブックレビューのなかにも、「文章が洗練されていない分、余計に「震災の怖さ」

が伝わってくる」という評価があるように、五年目を迎えても色あせることなく、むしろ当日の切実さを伝える貴重な災害史の資料となっている。

当事者自らが書き綴るというこの本（調査）の当初の目的は、人類史として災害の記録をつくることであった。だが、その目的を超えて、当事者からの予想外の反響があった。このことから、当事者が書き綴るというこの手法のなかに、従来の心のケアとは異なる視角が〝後から〟発見されることになった。この単純に書き綴る方法を、筆者は「記録筆記法」（金菱二〇一四）と名づけた。

「記録筆記法」は、被災者自らが大災害で経験した事象について、いつ誰がどこで何をどのようにしたのかを書き綴っていくというシンプルなものである。とくに被災者遺族の方々には、記憶を言葉にして筆記することで苦しみ逡巡しながらも、肉親の死の悲しみは遺族にとってどのようなものかを表現していただいた。原稿を依頼する際には、原稿枚数や期限など特別な制約は設けず、なるべく本人に負担をかけないように配慮した。

刊行後、お礼かたがた執筆者を訪れるとお仏壇に本を供えてくれたり、「本のなかに（亡くなった家族が）生きているようだ」という感想に見られるように、普通の本の出版の扱われ方とは異なる意外な反応があった。たまたま採用した記録筆記法が、少なからず被災者にとってこころのケアや回復に対して好転的な影響を与えていることがわかってきたのだ。「気持ちが整理できた」「どこか肩の荷がおりた気持ちになった」「壁を乗り越えた気がしている」などの反応が次々に寄せられたのである。

単純に書き記すことが、こころのケアに対してどのような意味をもっているのか。その結びつきについて自然と考えざるをえなかった。つまり、始めからこころのケアを目的として編んだのではなく、副次的な効果としてあらわれた効果を振り返りながら、その意味を今度は考えることになったのである。

3 痛み温存法

†亡くなった家族への良心の呵責を自ら解き明かす

大津波の後、人知の及ばない自然災害であるにもかかわらず、かなり多くの人びとが、家族が亡くなったのは〝自分の責任だ〟という感情を抱くようになった。『災害の襲うとき』の著書で知られるラファエルも、カタストロフィを経て生き残った人びとには、自分以外の人間が死んだのに、自分は生き残ったという意識が、罪責感（サバイバーズ・ギルト）としてあらわれると述べている（ラファエル一九八九）。

そこでは、自分が死ななかったことへの安堵、自分の命が誰かの犠牲によって贖《あがな》われたのかもしれないという気持ち、助けてやれなかった人たちや、自分の指示に影響されたため死んだのかもしれない人たちへのうしろめたさ、自分は助けられるに値しない人間だという自責などが描かれている。良心の呵責《かしやく》が作用するのである。

東日本大震災でも、冷たい津波に浸かりながら長らく息子を見つけてやれなかった父親が、温かいお風呂に浸かっていることとの申し訳なさを慟哭の記録に綴っているし、津波に巻き込まれて近親者の手を放した人、自分がプレゼントした上着が水を吸って重くなったせいで父親が亡くなったのではないかと、自らを厳しく責める人もいた。

東日本大震災の場合、津波が到達するまでに時間的猶予が残されており、家族もそれぞれ分散状態であった。この津波到達までの小一時間にわたる物語の不在が、震災後さらに被災者遺族を苦しめることになった。第三者から見れば肉親が関与する余地はなかったように思われるが、当事者として何かできたはずだということで、ほとんどがこの罪悪感にも似た感情を背負って生きていることがわかってきた。

記録筆記法は、この罪悪感を解きほぐす際に、物語不在への介入を積極的に促すことになる。つまりこういうことだ。本人の頭のなかで整理されずにごちゃごちゃしている部分がある。とりわけ、災害や戦争など生き残った人びとが強迫自責を負うとされる「サバイバーズ・ギルト」に囚われている被災者遺族は、「そのとき何かができたはずである」「亡くなった人に申し訳ない」という罪悪感を心のなかに強く刻みつけている。その場合、自然災害の影響と人間ができることとの因果関係を、無意識のうちにどこかで勝手に結びつけている。この結びつきをほぐしていくのが、記録筆記法の利点である。

急に強烈な感情が生じると前後の記憶が飛んでしまうことがある。記録筆記法では、4W1Hを書き記していくことで時間の間断をできるだけ少なくして、前後の文脈を詳らかにしていく。そして被災者に生じたいわゆる「記憶の空白」を埋め合わせることになる。とりわけ、トラウマの場合、記憶に空白が生じることが少なくない。災害などの衝撃が大きく深刻な状況として、トラウマと死と生存が無秩序に交差して、混沌とした暗鬱な状態にあり、これは時系列に回想できる悲嘆の経験と区別されている（ロス二〇〇七：二九五）。

災害などの特殊な喪失体験の場合、悲嘆とトラウマの区別は難しいものの、まるで罪悪感や悪夢などの出来事を記録したDVDがリピート再生を繰り返すような状態のまま固定化される。そのため、記録筆記法によって、少しでも異なった角度で被災者本人が見ることができるようになる。他人に読んでもらうことで、何度も文章を推敲する。その過程は、自分の一人称の主観的な経験が客観的に見た場合どのように映るのかを、ある種冷静に見る時間でもある。

†痛みは取り除くよりも、温存すること

カウンセリングは、痛みを取り除くことでこころのケアにとって効果がある方法だと、一般的には思われている。だが、この記録筆記法が明らかにしたことは、こころのケアのためにはむしろ逆で、痛みを温存するほうが、亡き人との関係性を変えずに済み、効果があるのではないかということである。この手法を筆者は「痛み温存法」（金菱二〇一四）と名づけた。

彼女ら彼らが慟哭の記録に対して肯定的な評価をするのには、本人がすっきりした以上に、亡くなった肉親が「生き続ける」意味が含まれていることが次第にわかってきたからである。

一刻も早く心が楽になりたいという自分がいる。他方、懲罰的に自分だけが楽になってはいけないという自分がいる。このことはどちらか一方が成り立てば他方が成り立たなくなるという、深刻な心的なジレンマである。この矛盾を本人が解消しない限り、一歩も前に進むことができない。重たい一歩である。カウンセリングが、受ける当人からなぜ拒否感をもたれるのか。それは、カウンセリングによって、自分は楽になることができるけれども、そのことが突然命を絶たれた死者に対して申し訳ないという気持ちをもっているからである。楽になれば自分だけがそのように解放されていいのか、もっと亡くなった家族は苦しんでいた／いるのではないか、という自問自答が繰り返される。

それに対して、遺族の相反する感情をうまく両立させて解決させることに一役買っているのが、「痛みを温存しながら書き綴る」という記録筆記法だったのである。残された遺族が亡くなってしまった家族をこれほど心配し愛していたことを、記録として永遠に刻みつけておくことができる。精神的に参ってしまうほど残された遺族は辛いが、その関係性を壊さずに筆記された記憶に残すことで、生きている死者に一時的に残された遺族の痛みや辛さを分有して預けてしまうということでもある。

痛みと愛することが混在したままだと、痛みを取り除くことは愛する者を捨てることになるという強い責任感や怖れが残る。そこから、本来残された生者側のみに帰属していた（と生者自身が思っている）感情を一時的に記録媒体に預けることで、ほっと一息つくことができる瞬間が生まれる。これが記録筆記法の意図せざる結果だったのである。

彼ら彼女ら被災者遺族にとって心の痛みは、消し去る（治療される）べきものでなく、むしろ抱き続けるべき大切な感情なのである。

だから感想としても、「いつでもこの本（記録）を開けたら家族が生きている」「本のなかだったら（息子が）生き続けることができる」というものが出てくる。相反する感情をセルフヘルプの形で、自分自身でケアをして解決に向かうことになるのである。こころのケアに対して新しい境地を拓いたと筆者は考えている。心理的療法と決定的に異なる点は、被災体験をいわゆる〝心の病〟としての外傷性ショックとして、それを取り除く対象としていないことにある。

クライエントに外傷としての病理に至る形成史を、カウンセラーが共に発見し意識化させることで納得させるという方法こそ、依然としてカウンセリングの主流だとする意見もある。だが、第三者であるカウンセラーの眼前では自己開示の禁欲が働くし、それを治癒されてしまうというキュア（cure）への不信もある。

それに対して、全ての人にあてはまるかどうかは幾重もの留保が必要だが、記録筆記法は敷居を格段に下げることになる。記録筆記法の場合、誰もいない場所で被災者がひとり静かに書いていたことが多い。彼ら彼女らは、亡くなった子供と一緒に書いたという。必ずしもひとりではない。書くことは単につらいだけの作業ではなく、「幸福な時間」でもあったのである。亡くなった家族との親（内）密な共同作業をカウンセリングや他のケアで担保できるかといえば、答えは否といわざるをえない。このことからも従来の心の回復援助は、死者や死者との関係性を排除してきたのではないかとさえいえる。

記録筆記法によって、痛みが当人にとって大切な思い出としてむしろ保持されるという「痛み温存」の効果が見えてきた。そしてそれは、亡くなった家族との関係性の再接続を促すものであることがわかってきたのである。

第３章

霊性

――生ける死者にどう接するか

追悼と教訓を伝える「鎮魂の碑」。宮城県亘理町荒浜地区（菅原優撮影）。

災害は死を隠す。確かに一般の人は、災害時何万人という死者の情報を目にしたり聞いているが、具体的な死を私たちは目撃していない。遺体はそこにあっても、あたかもないようにマスキングされている。そして、生きている者と死んだ者に色分けし、向こう（彼岸）の世界に死者を追いやる。いわば集合的な死の数値として足早にあちらの世界に追いやることで、生の世界を存立させている。葬儀などの儀式は、明確な喪失を想定して死に対処する。

しかしながら、行方不明者を多く出すような大津波のような事象では、失われた人びとは、行き場のない死者でも生者でもない、曖昧な喪失として残る。そこで、災害の場所での死への向き合い方として、曖昧な喪失という状態にある「生ける死者」への関係性のあり方に着目が集まっている。すなわち、過去への慰霊や追悼の方式でもなく、未来へ向けた教訓という形での伝え方でもない、見えないが今ここに存在し続ける死者へ／からの接近が、私たちの社会のなかで問われている。

1　生ける死者・曖昧な喪失

†死者はモノなのか？

「街の復興はとても大切な事です。でも沢山の人達の命が今もここにある事を忘れないでほしい。死んだら終りですか？」（写真5）と、宮城県名取市の閖上《ゆりあげ》で子供を亡くした母親が、彼らが学校で実際に使っていた机に言葉を刻みつけている。私たちはこの直接的な質問に対して、どのように答えることができるだろう。もちろん素朴にイエスと肯定することもできる。死ねば骨は単なるリン酸カルシウムのかたまりである。物言わぬ死者をあちらの世界に放り投げてしまうこともできるだろう。

岩明均の漫画『寄生獣』に、次のような印象的なシーンがある。人間に寄生した異生物の影響で、半ば人間の心を失った主人公は、子犬が亡くなるまで温かく抱擁していたが、子犬が生物学的な死を迎えると、まるでもののように子犬をつまんでゴミ箱に捨ててしまう。それに対して主人公に恋心を抱いていた女性が怪訝な表情を見せたので、変だなと思った主人公は「清掃の人がこまるかな?」と答えて、女性が興醒めしてしまう場面である。すると彼は「もう死んだんだよ……死んだイヌはイヌじゃない　イヌの形をした肉だ」と言い放つ。つまり、このシーンは逆説的に人間が人間として存立する基盤を提示しているのである。物質論で行けば亡くなれば終わりで、モノになんらの特別な感情を抱く必要性も必然性も本来的にはない。

しかし、人間である以上、死者をモノのようにゴミ箱に遺棄するのではなく、尊厳ある死を志向すべきである。冒頭の母親の問いかけは、死者が復興の過程のなかで置き去りにされている現状に対して、そう警告を発している言葉ともいえるだろう。

本来災害は、それまで普段あまり意識することもなかった死に対して振り返る機会を与えてくれるはずである。ただし、一般的には、死者忌避論が優勢を占めているので、死者そのものがオブラートに包まれ、夥しい災害死がその場にありながら、私たちの目に触れることはほとんど皆無である。そのことが忘却の彼方へと死者を追いやっている、そういう状況がある。そして死者の数だけが問題になることについて、哲学者の中島義道は、死は他人が代替不可能な「その人だけの死」であるにもかかわらず、それぞれの死者に視点

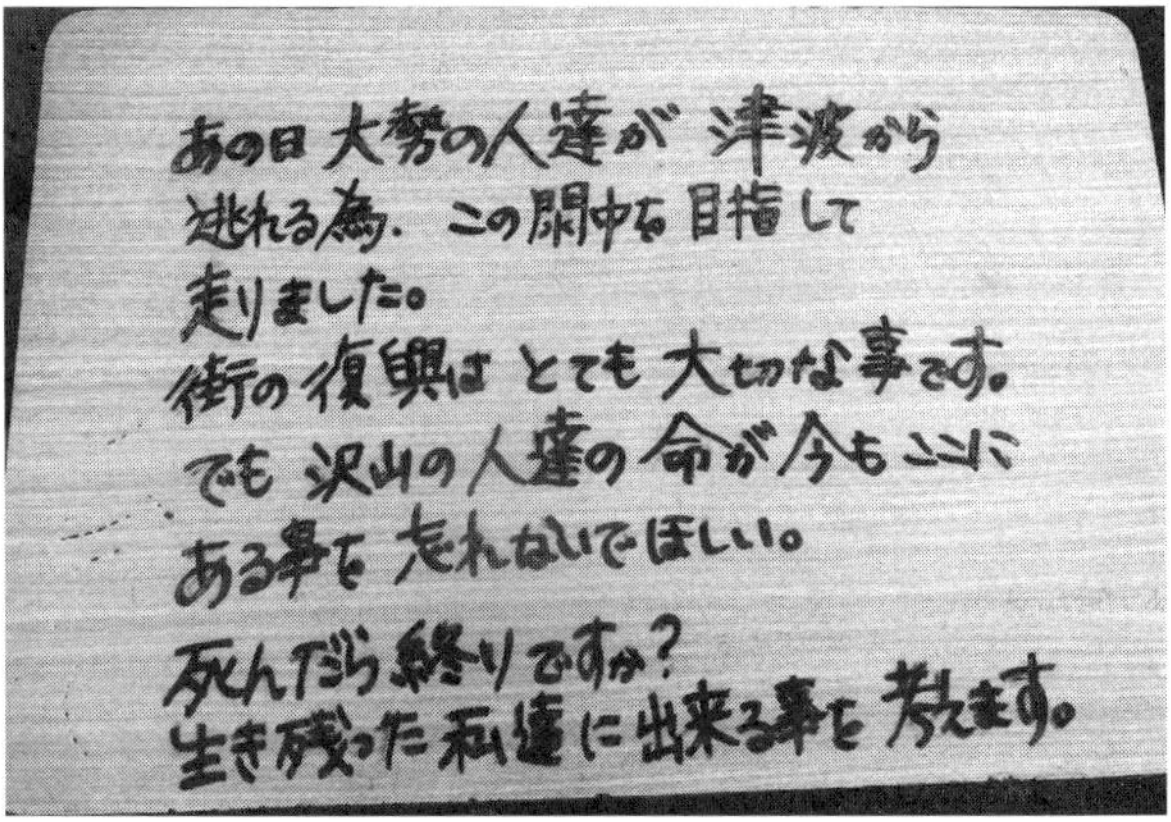

写真5 「死んだら終わりですか?」という机に書かれたメッセージは私たちに何を語り掛けるのか(菅原優撮影)

を合わせていないということを指摘している(中島二〇一四)。

その要因としては、死者への忌避やプライバシーの問題など、さまざまに挙げられるだろう。いずれにしても死者はマスキングされて、一般の人びとが気づかないように巧妙に操作されている。

それに対して、私たちは、合同調査(フィールドワーク)のなかで死者の問題(震災遺構や遺体の掘り起こし、消防団員の死など)について正面切って論じてきた。詳細は金菱清編『呼び覚まされる霊性の震災学』(新曜社、以下、金菱編二〇一六と略記)に譲りたいが、ここでは、ふたつの事例(慰霊碑・タクシードライバーの幽霊現象)をかいつまんで紹介したい。そのうえで、生者でも死者でもない、その中間領域でしか成り立たない「生ける死者」を考える。

†抱きしめる慰霊碑

冒頭に挙げたご遺族が建てた慰霊碑がある。宮城県全域の慰霊碑を調べた共同調査者の菅原優は、閖上の慰霊碑の形状のみがまず斜めを向いており、他の垂直に立っている慰霊碑と異なっていることに気がついた（「生ける死者の記憶を抱く――追悼／教訓を侵犯する慰霊碑」金菱編二〇一六所収）。それだけでなく、「平成23年3月11日　午後2時43分　東日本大震災の津波により犠牲となった生徒の名前をここに記す」という言葉のみで誰かに宛てられたメッセージ性は碑文にはない。

阪神・淡路大震災の慰霊碑を調査した社会学者の今井信雄が分類した（今井二〇〇一）、亡くなった人に向けられた「追悼」型、これから生きる人に向けられた「教訓」型と比べると、どの型にも当てはまらない。菅原は閖上の慰霊碑を「記憶」型と別タイプの類型をつくり、子供たちは神様ではないから、拝んでもらう必要もなく、献花台も焼香台もあえて設けるようなことはしていないのだという遺族の言葉を聞き出している。距離をもって

写真6　慰霊碑にふれる遺族会のメンバー（菅原優撮影）

手を合わせて拝む対象ではなく、自分たちの子供たちが生きていた証として、彼らを社会の記憶に留めおこうとする。

そして、彼はこの記憶型慰霊の意味について分析を進め、死者を彼岸（あちら側）に祀り上げるのではなく、慰霊碑を肌で触れて、まるで生身の人間に語りかけるような優しい言葉で、遺族が慰霊碑に接するときに亡くなった家族との距離をなくし、慰霊碑を抱きかかえるように両腕に抱擁していることに着目した。追悼型の過去形でも、教訓型の未来形でもなく、現在進行形で親子の記憶を疑似体験しているかのように、わが子を忘れてほしくないという願いと、今なお生きる子供たちの記憶との狭間で揺れ動く遺族の想いに形を与えたものが、記憶型の慰霊碑だと新たな位置づけを加えている(菅原、金菱編二〇一六所収)。

†タクシードライバーが畏敬する幽霊

震災後被災地沿岸各地で、幽霊現象の見聞が跡を絶たないと報告されている。そのなかで、石巻の市街地を調査していた共同調査者の工藤優花は、幽霊現象のなかでもタクシードライバーの体験だけが、特異な体験をしていることに気づく(「死者たちが通う街――タクシードライバーの幽霊現象」『呼び覚まされる霊性の震災学』)。それは、他の霊現象が、見たかもしれないという半ば不確かなものにとどまっているのに対して、ドライバーが霊を直接乗せて対話したりしているリアリティのある点である。

たとえば、初夏にもかかわらず、深夜石巻駅で客を待っていると、真冬のコートを着た女性がタクシーに乗ってきて、行き先を告げる。そこは更地だけどよろしいですかと尋ねると、「私死んだんですか?」と震えた声で聞いてきたため、ドライバーが後部座席に目をやると、そこには誰も座っていなかったという事例などである。

ただし、霊現象の特異性というよりも、むしろドライバーがどのように恐怖心ではない形でこの霊現象を温かい形で受け入れているのかということに強調点がある。体験当初は怯えていた彼らも、次第に霊を受け入れて、〝畏敬の念〟をもつようになる。世に未練があっても当然だと受け入れ、また同じような季節外れの霊現象があっても普通のお客さんと同じ扱いをすると述べている。そして、まだ無念の想いをもっていて、両親に会いたいので、直接行き先に行ってもらえるタクシーに乗って、やり切れない気持ちを伝えるのに個室の空間であるタクシーを選んだのではないかというドライバー自身の解釈を工藤は紹介している。

こうした幽霊話は、匿名にすることを条件に初めて話者に対して打ち明けられる。秘匿について彼女は、「体験直後は誰かに話したくてしかたなかったけども、今はしまっておくと決めているんだ。嘘だと（周りから）言われて彼ら（霊魂）の存在を否定されてしまうから」という語りを引き出している。ある礼節をもって幽霊に接していることで、危害を加えたり恨みをもったりする存在から、静寂な気持ちで無念の気持ちをすくいとることができる「イタコ」的な存在としてタクシードライバー自身を位置づけていることを示している（工藤、金菱編二〇一六所収）。

†もし死んでいないなら……

以上見てきたふたつの事象（慰霊碑と幽霊の現場）自体は異なるが、ひとつの共通点がある。それは括弧つきの「死者」と生者とが行き来する温かい相互交流の場が設定されていることである。前者は死んだらはい終わりではないし、後者は恐れて霊魂を排して向こう側に押し戻すものでもないという人びとの捉え方である。彼岸と此岸を境界を設けてきっちり分けて考える発想から、彼岸と此岸が重なる場所を設定しなければこのような考え方は存立しえない。では、彼此岸の重なりから何が見えてくるのか、その社会的意味について次に示してみたい。

同じ大規模災害でも、死因も大きく異なってくる。一九二三年九月一日に起こった関東大震災では、死者一〇万人余りのうち、実に八七パーセントもの人が火災で亡くなった。そのうち、軍服をつくる工場跡地の公園予定地に人びとが避難し、そこに竜巻ともいえる猛烈な火災旋風によって家財道具をもって避難した四万人近くもの人が命を落とした。一九九五年一月一七日の阪神・淡路大震災では、震度7の激震による揺れにより建物が倒壊し八三パーセントもの方が窒息・圧死で亡くなっている。

そして、二〇一一年三月一一日の東日本大震災では、M9の激震のあと数十メートルを超す大津波が三陸沿岸など各地を襲い九二パーセントもの人が溺死によって亡くなっている。

とりわけ阪神・淡路大震災の際には、午前五時四六分と夜明け前という時間帯であって、有無をいわせぬ形の死であった。それに対して、午後一四時四六分の本震のあとに襲った三陸沿岸の大津波は、奥尻島で死者二〇二人行方不明者二八人を出した北海道南西沖地震では、揺れが収まると同時に津波が押し寄せてきたのに比して、ご飯が炊ける時間があったというほど津波到達時間まで時間的余裕があった。その時間帯に人間の関与の余地があったのではないかと悔いている人びとがたくさんいる。そのことが特徴的である。

自分がもしこうしていたら愛する人は亡くなっていないのではないか。でも実際には亡くなっている。この自問自答の無間地獄に陥っている。この、もし何々していたら生きていたはずだ、という人間関与の救済仮定法が存在することが第一の特徴である。

†「曖昧な喪失」としての死

第二の特徴は、曖昧な喪失の死を東日本大震災は多く含んでいるという点である。行方不明者の遺族にとって、死は遺体が上がらないままの、実感のわかない死であるといえる。

生者とも死者ともつかない保留状態の死を、どのように考えればよいのか。つまり、このことは生者にとっての危機であるとともに、魂である死者にとっても危機である、二重の不安定さを抱えていることになる。生者にとっては、自殺やアルコール依存症などの震災関連死の危険性が高まる。

社会学者の福田雄は、生存者は自分だけが生き残ってしまったという自責の念とともに生と死を紙一重で分けた偶有性について問い、それを「浮かばれない死」として描き出している。それらの死が突きつける「なぜ」という問いを、たとえ合理的であろうとなかろうと、いかに耐えうるものとして飼い馴らすのかが問題であると位置づけている（福田二〇一二：七七）。

浮かばれない死と自死（殺）そのものへの導線を断ち切り、現世を生き延びる道として不安定な状態を脱する手立てが必要となる。ただし、葬儀や慰霊祭のような宗教的儀礼は、彼岸の側に立った鎮魂であるので、そのような手立てには不向きな面がある。行方不明者を多く抱えるような大震災では、いまだ彼岸にいない死というものに対処できないからである。

戦争や災害においては、大量死という現実を避けて通ることはできない。9・11テロや戦争など行方不明者について長らく調査した研究者であり、家族療法家でもあるポーリン・ボスは、「曖昧な喪失」という概念を用いて、死者がいてお葬式などの象徴的な儀礼によって送り出される遺族の「明確な喪失」と区別して定式化している。曖昧な喪失では、その状態が最終的か一時的かが不明であるため、残された人びとは困惑し、問題解決に向かうことができないとしている（ポーリン・ボス二〇〇五）。

ただ、ボスは、曖昧な喪失が多くの人びとに長期にわたって深刻なストレスフルな状態を引き起こす一方で、それだけにとどまらず、経験的知見を加えながら失われていないものを明らかにすることを通じて、曖昧な喪失を経験した人びとが彼女ら彼らの人生を〝前進させている〟という事実についても注意を払っている。

たとえば、パイロットだった夫の飛行機が東南アジア上空で撃墜され、夫が行方不明であるという女性にインタビューをして、その妻の人生を〝前進させる〟意味について、ある出来事を報告している（同上三一〜三三）。この出来事はボスの研究の方向性を変えたという。

ボスがその妻に対する調査を終えて帰ろうとしていたとき、彼女は、行方不明の夫が撃墜された後も妻である自分と話をするために自分の元へ二度戻ってきたということを語り始めた。家の前で会話をし、四人の育ち盛りの子供たちに手狭な家を手に入れてもっと良い学区に引っ越すように言われ、実際妻はそのようにした。そして一年後、寝室にやってきて、夫はよくやったといい、妻を誇りに思い、愛しており、そして今さようならを言おうとしているところで、「このとき、私は、夫が本当に死んでしまったことがわかったのです」とボスに語った。

これは不思議な出来事があったという話で終わるのではなく、ボスはさらにこの話を深く解釈していく。客観的なデータの収集や、それを記録する社会科学としてトレーニングを受けてきたが、現実として、行方不明の夫の会話が、妻を慰め、元気づけ、さもなければできなかった必要な決定と変更を行うことができ、妻である彼女は一人親そして、家長として自分の新しい役割に順応することを可能にした、この事実のほうが、それを幽霊現象や夢として断定するよりも重要であるという立場をとった。

そして、この立場からずっとボスが耳を傾けていると、この夫を亡くしたこの女性は、インディアン特別保留区で育ち、そこでは突然の死を前にした人は、喪失の突然さをやわらげるために、しばらくの間死亡した人を「存在」しているものとして扱うことが慣習であったことをボスに語りかけてきたという。このときにボスは、曖昧な喪失に対する私たちの弾力性が、単に性格ではなく、ましてや科学的な因果関係でもなく、われわれのスピリチュアルな信念と文化的価値とに関係があることを発見する。このスピリチュアルであるところの霊性と文化的価値について次に考えてみよう。

2 霊性と文化的価値

†ふたつの死者対処システムと未曾有の災害

宗教学者の池上良正は、日本における文化的価値に照らして、生者と死者の関係の綱引きを、苦しむ死者への対処法としてふたつのシステムを理解している（池上二〇〇三）。ひとつは、〈祟《たた》り―祀《まつ》り／穢《けが》れ―祓《はら》い〉システムである。仏教インパクト以前から系譜をもつ在来システムで、自分たちよりも強いと判断された死者を祟る霊威（神）として祀る懐柔策が祟りと祀りで、自分たちよりも弱いと判断された死者を穢れた霊威として祓う排除策が穢れと祓いである。

たとえば、今では受験の神様である菅原道真公はその昔、政治的に左遷され、その死後、対抗者たちが次々と不審な死や病死を遂げたことから、この左遷を認めた天皇でさえ祟りから免れることができなかった。そして、道真公を怨霊を鎮めるため、北野天満宮が建立され、御霊《ごりよう》として祀ることで神様になった例は祟り―祀りの図式に当てはまるといえる。また併存パターンも存在し、うるさい社長を名誉会長に「祀り上げ」て、実質的な「厄介祓い」をする手法があったりする。

もうひとつは、在来のシステムを否定する〈供養―調伏《ちようぶく》〉システムである。仏教インパクト以後の後発システムで、仏教的功徳を死者に廻施して救済を擁護する供養と、仏法の力によって死者を善導・教化して鎮める調伏である。浮かばれない死者などを追善供養などの儀礼で魂を成仏させる鎮魂方法である。

生者と死者との個別取引において死者たち側に認められてきた前者〈祟り―祀り／穢れ―祓い〉側の主導権は、後者〈供養―調伏〉のシステム移行で大幅に生者の側に引き寄せられることになる。仏法という権威への従属を介して、生者は死者の優位に立つことができるようになる。

鎮魂や慰霊の祭礼は災害時に注目されるが、このような宗教的な儀礼システムは通常、彼岸の側にいる、すでに亡くなった死者を想定しているように思われる。宗教的儀礼や追憶の秩序は、津波常襲地の宗教儀礼システムのように、津波が突如もたらした大量死を象徴レベルに位置づけ、人びとが日常に帰するための供養として彼岸に送り出すリアリティの回路を開く。

ただ、津波に攫われ行方不明者を多く出したことは、今回の震災の大きな特徴のひとつである。彼岸とも此岸とも居場所の定まらない、括弧つきの「死者」なのである。いわば「浮かばれない死者」に対処するためには、彼岸である死者の側を祀ることで此岸である生者の側への回帰が果たされるという既存のパラダイムは、生者が死者との応答に心身を擦り減らして彼岸に引き込まれそうになったり、不祀りの魂が彼岸と此岸を行きつ戻りつしているような、曖昧な喪失においては破綻する傾向にある。

なぜなら、突然生を中断させられ、こうしていれば亡くなっていなかったと懊悩する家族や親族の霊を慰めるには、通常の祀り（マツリ）では十分ではなく、身近な死を確信できない遺族がいまだ浮かばれない死者と彼岸との「個別交渉」を繰り返し強いられ、無間地獄に陥るからである。

被災者の少なくない数の人が、震災後青森県の下北半島の霊山である恐山などのイタコ（霊媒師）を訪れている。筆者の知り合いも何人か訪れていることを確認している。いまだ行方不明だったり、突然何も言わないで去ってしまった家族、「さよなら」のない別れだったので、どうしても彼ら彼女らの亡くなった家族の言葉が聞きたいのである。恐山の住職代理を務める南直哉は、恐山に押し寄せる犠牲者遺族の声に耳を傾け続けながら、彼らには、安直に語りだされる宗教がかった言葉は不要で、死者を死者として納得しがたいうちから、死者を適当に意味づけするような言辞を押しつけられても、遺族が受け入れられるはずがないという（南二〇一二：一九七）。

そして、彼らには死者がいないとも捉えている。それは失われた人が死者になりきっておらず、死そのものを理解できない人間は、別離という生者の経験になぞらえて死を考えるしかない。今まで自分の人間関係のなかに織り込まれていた人物を、不在者として位置づけしなおすことが必要であるがその段階に至っていないという見立てである。

†曖昧な喪失の縮減——意味の豊富化

生者と死者の中間領域に存在する不安定かつ両義的な生／死をできるだけ縮減し、生死の個別取引の主導権を生者の側に引き戻すための制度化されていないが民間で機能している社会文化装置がある。災害コミュニティがこれにあたる。

第2章の2節で、在来型コミュニティ・ケアで感情の共有化を考えたが、この感情の共有化の意味は、個人の哀しみは、魂の不安定につながるが、集団の哀しみは、魂の安定につながるという点で重要である。いわば、死者との個別交渉を第三者のものや人びとに帰属させることによって、個人および家族・親族の孤独な消耗戦はある程度軽減される。もしかしたら死んではいないという彷徨《さまよ》える浮かばれない魂を鎮め、遺族に此岸のリアリティを再認識させることで、災害後を積極的に生き続ける主体として生者を再定位する機能をもつといえるだろう。

他方、これとは異なるヴァリエーションもあることが今回の事象は物語っている。生者と死者の中間領域に存在する不安定かつ両義的な生／死の中身をあえて縮減せずに、意味を豊富化させ肯定的に転調させることで対処する方法である。哲学者の内田樹などは『死と身体』を論じる際、中間項という形で設定する。たとえばパソコンでいえば、処理できていらないものであればゴミ箱に捨て処理する。済んだものであれば保存するかフォルダーに入れる。しかし、どちらとも処理できない場合私たちはどうするのか。それはデスクトップに一時保存された状態で置いておく。このデスクトップに借り預けをしていく領域が中間項であるという（内田二〇〇四）。メールでいえば「その他」のフォルダーにとりあえず入れておく知恵に近いかもしれない。ともあれ、このような中間項の拡がりが今回の震災では行方不明や突然の死、津波の来襲までの物語の不在など大きくなっている現状がある。

　この観点から先のふたつの事例を見直したとき、閖上の慰霊碑は、お墓というパーソナルなもので完結されるものでもなく、慰霊碑として第三者である他者に開かれている点でも着目できる。斜めに向けて慰霊碑を撫でてもらうことで、拝む対象としての死者を否定し、現在形で共に進んでいくために対象との距離をできるだけ縮めてゼロにして、できるだけ長く記憶に留めておく、生ける死者への転換を当事者たちは図っているのである。

　石巻のタクシードライバーの幽霊現象は、直接的な親族の死ではないが、第三者の死を悼む受け手としての役割を担っている。死者から無念の想いを受け止め、秘匿することで大切な体験として震災の意味を自身に問いかけ、安寧をもたらしている。

　文化人類学の知見によれば、このような死者と生者が行き来するような世界観は世界各地にある。マレー半島にあるスムライ族は、死んだ人を棺に入れて土に埋め、その傍らにランプとお米を置いておく。すると死んで何日かすると棺のなかからその人が立ち上がり、お米とランプを携えて山に登って、何年か暮らすとまた村に戻ってきて再び村びとの仲間に迎えられる（岩田二〇〇〇）。文化的装置としては、曖昧な喪失の意味を豊富化することで危機に対応していることがわかる。

しかし、幽霊や生ける死者を宗教論として読むとすればどういうことになるのか。ある定式があるように思われる。私たちが通常接する死者との関係でいえば、葬儀の儀礼は、死者（＝非日常的な生者）を生者＝（日常的生者側）が日常性（この世）から切り離し、非日常的領域（あの世）に移行させ、安定を図る行事である。このことを踏まえると、被災地で目撃される幽霊は、死後に肉体を離脱した霊魂であり、いまだ成仏しえないためこの世に姿を現す存在（実体）である（佐々木二〇一二）。

†従来の宗教学の限界と乗り越え

先に紹介した宗教学者の池上良正の『死者の救済史』をベースにしながら、同じく宗教学者の佐々木宏幹は、東北地方の幽霊が安定化し、人びとを惑わすことがないようになるためにどうすればよいかを考察している。そして、①不安定で迷っている死者たち、ねたみや恨みの感情を抱いている祟る死者、障る死者、成仏・往生できずに苦しんでいる死者から、②落ち着いて安定している死者たち、安らかな死者、成仏した死者、子孫を見守り援護する先祖、へと変化《へんげ》することが求められ、その媒介を宗教が果たすべきであると宗教学の結論は到達している(佐々木二〇一二)。

この宗教学の結論は、一見するとわかりやすい。死者を、穢れや祟りから祓ったり祀ったり、供養するべき対象として捉えるのである。しかし、今回示した実際に現場で生じている事例は、明確にこうした捉え方を否定する。生者と死者の間に存在する曖昧な死は、必ずしもマイナスだけの祟ったりするような不安定な死ではない。もちろん佐々木がいうように、コミュニティのなかで不安定かつ両義的な生/死を縮減することで安定に向かうことも震災の現場では確認できる。スマトラ沖で発生した大津波の後、タイのビーチに出現する幽霊によって観光産業が打撃を受ける事案が相次いだ。

地理学者の薬師寺浩之は、第二の津波とまで幽霊を恐れるのは、仏教伝来以前から存在する土着の精霊信仰的信念に基づいて、幽霊の不安で落ち着かない気持ちを落ち着かせるのは、故人の家族や親戚だけであったと明らかにしている。そのうえで、リゾートを襲った津波の犠牲者には多く欧米人の観光者が含まれていて、彼らの霊は永遠に慰撫されることはないと信じているのと欧米人に限らず適切な宗教的儀式を経ずに身元が確認されないまま土葬された遺体が多く、それは地元住民が幽霊出没を懸念する原因ともなった（薬師寺二〇一三）。

漁師のなかには、被災前から漁師や海水浴客を破滅に導こうとする海の悪霊を鎮める儀式を行ってきた。彼らは自分自身が行ってきたこの伝統儀式が不十分で、悪霊を鎮めきれなかったから（アンダマン）海が津波に襲われたのだと解釈して被災後は儀式を行う頻度を多くしたそうである。つまり、海の悪霊信仰ということがベースにある場合、悪霊という邪悪な霊を供養して初めて調伏することができると考える。

しかし、今回扱った石巻の幽霊話や閖上の慰霊碑でのそれとは異なるパターンを考えてみると、不安定かつ両義的な生／死の中身を縮減せずに、それをむしろ豊富化し、そのままでよいという肯定的なものとして当事者が受け止めていることは、従来の宗教観からは説明がつかないように思われる。それを最後に考えてみよう。

†津波後に生きる意味

東日本大震災が起こる二週間前に、筆者はクリント・イーストウッド監督『ヒアアフター』（二〇一〇）という映画を見た。津波のリアルな映像を再現しているこの映画は、震災後心理的な影響を考慮して、日本での公開が中止となった。フランスのマリーという女性が東南アジアに旅行に訪れていた際に、大津波（二〇〇四年クリスマスの翌日に襲ったスマトラ沖の大津波を想定）に呑み込まれた際に、臨死体験をする。何もかも見えないものが見えてしまうのが嫌だという生真面目すぎるアメリカ人男性の霊媒師は、自ら廃業を選択した。そして、愛する一卵性双生児の兄を交通事故で亡くしてしまったイギリスの少年は立ち直れずにいた。それぞれ違う場所で、三人の主人公が愛する家族の死と直面することで、生きる意味を考える。

女性は執筆を頼まれていた政治的な本のテーマをがらりと変えて、津波の臨死体験をまとめた『ヒアアフター（来世）』という本を出した。もちろん依頼されたものを書かなかったので、彼女は地位も名声も失ってしまうが、今書かなければならないことをそのまま書いた。その本のサイン会が開かれ、偶然霊媒師が臨死体験者の手を触れ、津波で水中を漂って死にかけている彼女の映像を見てしまう。

そして、インチキな霊能者にしか出会ってこなかった少年は、本物の霊媒師である男性に、亡くなった双子の兄と自分とを引き合わせてくれるように求めて男性霊媒師に会おうとする。兄を失った悲しみを訴える少年はようやく男性に兄の言葉を霊視によって託宣してもらい、「独り立ちしろ」と促される。主人公たちが、まるで死者の魂の意志に即してひとつの場所に集うように焦点化されていく。

震災前に見た映画だが、津波の現実のなかで先に見た幽霊の話や慰霊碑で生き続ける死者を考えたとき、物語以上に津波後の生きる意味についてのリアリティが重なってくるように思えた。

†生ける死者論

また、死者との交流について、日本文学研究者の石井正己は、柳田国男の『遠野物語』と佐々木喜善の『縁女綺聞』の津波のくだりでの幽霊の遭遇譚の比較を行っている（石井二〇一五）。明治二九年明治三陸大津波のあとふたつの物語が編まれ、『遠野物語』の九九話では、津波で田の浜の妻と子供を失った福二（実在の人物）は、ある日夢のなかで、亡き妻が結婚前に心を通わせていた男と浜辺（生と死とのはざま）で歩いているのを目撃する。妻が今は前の男と夫婦でいるというので、福二が子供は可愛くないのかと問いただすと、妻は顔色を変えて泣いた。ふと足元を見ると、死んだということを認識することができた。

石井は現実と非現実、生者と死者が交錯するところで現れる魂を、心の動きではなく、リアルな実在として迫ってくるものであるという。

それに対して、佐々木の『縁女綺聞』では、新盆の夜に、福二の妻は遺体が見つからず、仮の葬式を済ませたところであった。奥さんの名前を呼ぶが、妻は何も言わなかったので、問い詰めると、小走りに前の男に追いつき肩を並べて去ってしまう。こちらのほうが残酷だという。ご遺体のないまま区切りをお盆でつけようとするが、そのことがいかに難しいかを問いかけるある種の未練のように考えることもできるし、しかしまた残された子供と絶望のなかでもなお生きていく決意の表れでもあるように思える。

この死者と触れる痛々しさについて否定的な評価というよりはむしろ、肯定的な評価をしているのが批評家の若松英輔である。『死者との対話』や『魂にふれる――大震災と、生きている死者』のなかで若松は、死者をめぐる悲しみは、生者の感情の起伏ではなく、死者が生者の魂に触れる合図だという（若松二〇一二a：二五）。そのうえで、悲しみを、惨めで慰めもなく、救いのないものにしていることは現代の大きな誤りだと説く。悲しみは、それだけ自分の人生に大きなものがもたらされていたことの証であり、死者は目には見えないが、見えないことが悲しみを媒介にして、実在をよりいっそう強く私たちに感じさせる、という。彼の言明は、死を彼岸に追いやる現代の趨勢に抗して、家族を突然亡くした人びとの感覚と非常に重なっているといえるだろう。

そして、彼は「協同する不可視な「隣人」」という魅力的な言葉を使いながら、死者と共にあるということは、思い出を忘れないように毎日を過ごすことではなく、むしろ、その人物と共に今を生きるということではないだろうかと提起する（若松二〇一二b）。

さらに、若松は、死者と生者の関係に転向を促す。生きている人からではなく、まず死者からの無私の手助けがあり、働きかけはいつも、彼方から先に注がれるが、生者はしばしばそれに気づかないという。東日本大震災において日ごろ忘却と鈍感が蔓延《はびこ》るこの社会で気づかないような霊性が呼び覚まされているといえるだろう。

死者が、「呼びかける」対象である以上に、「呼びかけ」を行う主体であるとき、私たちは、感受性を研ぎ澄まし霊性である生ける死者からの声にどれだけ耳を傾けているだろうか。私たちの想像力がむしろ問われているといえるだろう。

第4章
リスク
──ウミ・オカの交通権がつなぐもの

北海道南西沖地震後、奥尻島の周囲に張り巡らされた防潮堤(2012年11月1日撮影)。

生命《いのち》は大切である。これには誰しも首肯《しゅこう》し、否定する者はいないだろう。二万人余りの死者・行方不明者を出した東日本大震災では、そのほとんどが津波による犠牲者であった。津波は内陸地震と違って海底プレートによって生じる現象なので、海を遮断すれば陸で生活している人間は助かることになる。そのため、震災後数十メートルを超える大津波が到達した沿岸部では、一〇メートルを超す防潮堤が建設された。

それに対して、現場から高い防潮堤に対して賛成ではなく、多くの反対意見が表明された。被害を最も受けるであろう人びとが、なぜ真っ先に異を唱えるのだろうか。実は、沿岸に暮らす人びとにとって、海は一方的に災厄を及ぼすものではなく、恵みをもたらす存在でもある。究極的には防潮堤の高さはゼロメートルでもよいと思っている沿岸の住民もいる。

彼らの思考に寄り添いつつ、日常と災害という非日常、生者と死者、この両方をつなげる「ウミ・オカの交通権」を提唱したい。津波や原発の単発リスクを生活全般の危険にまで拡げることで、柔軟な災害対応の新たな思想と関係性の倫理を考える。

1　防潮堤は必要なのか

†生命第一優先主義は本当に正しいのか

東日本大震災がわれわれに突きつけた重要な問いのひとつに、災害リスクと今後どのように共存していけばいいのだろうか、というものがある。そのなかでも、防潮堤に対する反対を私たちはどのように捉えればよいのだろうか。普通に考えれば、あれだけの大津波を受けたわけだから、津波浸水高に応じた高さの防御として要害堅固な防潮堤を建てて高台に住居を移すことは、一見合点がいくように思える。

東日本大震災の復興構想会議の検討部会部会長を務めて、現在復興庁の復興推進委員会委員を務める識者も、正確に次のようにそれを言い当てている。

高台移転は究極の津波防災策である。予想される最大浸水域の外側に移転してしまえば、津波から逃れることができるし、もし予想が外れてさらに大きな津波に襲われても、被害は軽微であることが予想できる。海に近い場所であれば、そうした浸水域から外れる地域は、高台であることが普通であるから、災害から逃れるための移転は、高台移転に代表される。（中略）防潮堤の整備なしに安全を確保することは難しく、防潮堤の高さについても、今回のような手厚い財政支援を受けられるときに、できるだけの規模の防潮堤を建設することで安全を確保したいというのは自然な発想である。（『「国難」となる巨大災害に備える』二〇一五：三九〇〜三九二）

至極真っ当な意見のように思えるが、問題は、当の津波を受けた被災地の当事者からこのような防潮堤のあり方などに疑問が出てきたことについて、私たちはここで考えておく必要がある。震災から五年経った現在において、災害に立ち向かう方途はひとつではなく、いくつかの異なるベクトルをもった災害リスクとの向き合い方として立ち上がってくる。

東日本大震災後の政府や自治体は、避難行動について独自に個々の判断にゆだねるのではなく、総合的防災計画を構想しようとしている。とりわけ、直近の災害の被害に応じて被災した土地利用のあり方に各種の制限が設けられている。

写真7　万里の長城と称される田老の 10 m の防浪堤。さらに今後 14.7 m になる予定（岩手県宮古市田老地区）

たとえば津波の浸水域に基づいて住宅建設などを全面的に規制する災害危険区域指定や、今回の津波の浸水高に基づいた一〇メートル以上もの高さの防潮堤建設（TP一〇・八メートルなどと表示される防潮堤の高さ「TP」は、東京湾平均海面を表すもので、極めて中央集権的基準である）などがその一例である。

これは今に始まったことではなく、三陸沿岸では昭和八年の昭和三陸大津波のあとにも明治二九年と昭和八年の三陸大津波の被害に準拠した同様の住居規制（海嘯罹災地建築取締規則）が設けられている。東日本大震災の大津波を経験したものにとってこのような海辺での居住制限は当たり前のように受け止められるかもしれない。

第1章で挙げたように、東日本大震災の津波に浸水した区域を日本全国に当てはめた場合、その面積は日本の国土の一〇パーセントに該当し、そこには日本の総人口の三五パーセント（四四三八万人）が居住している。条件を標高一〇メートル以下に絞り込んでみても総人口の二〇パーセントに該当する二〇〇〇万人もの人間がそこに住んでいる。つまり、仮に東日本大震災で被害を受けた地形の条件を有する日本の土地面積すべてに住宅建築規制を設定した場合、膨大な数の人間が移住を迫られることになるだろう。移住が想定される土地も平坦な岩盤が強固なところではなく、山岳地帯に囲まれた日本にあって、津波の被害を受けやすい沖積平野にあまりにも多くの人びとが住んでいることはむしろ理に適っており、それを移住させることはかなりの強制力を必要とするだろう。このことがいかに非現実的な対応であるということがわかる。

すなわち、津波によって大きな被害を受ける可能性が高いすべての土地から一切の居住者が去ることは、実質的に不可能であるという動かしがたい事実である。今回と同規模の地震と津波のリスクがゼロに近い場所に、すべての人が住むことができない以上、われわれに問われているのはどのようにして災害リスクと共存すればいいのか、ということである。言い換えればリスクを完全に排除するのではなく、どのようにしてリスクと共存すればいいのかを考えることが実践的に求められているといえる。ここにリスクとの向き合い方の分岐点がある。

村々を歩き、地元学を提唱してきた結城登美雄は、誰も反対できない「命」を盾に、海岸線に沿って巨大な防潮堤をめぐらすという案そのものが、どのような感受性や想像力に基づいて出されているのかと懐疑を示し、津波だけを絶対化するからこそ、防潮堤というハードの整備でよしとするのではないかと述べている（結城二〇一五）。

そのうえで、彼は、津波の死者だけでなく、宮城県唐桑半島や牡鹿《おしか》半島では、遠洋漁業との関わりもあり、海で家族や仲間を亡くしたケースは多く、三陸の海に生きる人びとにとって津波は海難のひとつであることを示す。東北の浜の集落には、海難供養塔や海之殉難者慰霊碑など海での物故者を祀る碑《いしぶみ》が至るところに建っていたり、戦時中海軍による漁船の徴用など、海に生きる人びとは、天災や戦災に巻き込まれつつそれに逃げることなく向き合ってきたことを指摘する。

†一〇〇〇年に一度、数十年に一度の議論の無効

今回の大津波の後、国の中央防災会議「東北地方太平洋沖地震を教訓とした地震・津波対策に関する専門調査会」において、ふたつの基準（L1／L2）をつくり、リスクとの共存策を形のうえでは志向している。国土交通省は津波対策として数十年から百数十年に一度の頻度で訪れる規模の津波の高さをL1（最大クラスの津波に比べて発生頻度は高く、津波高は低いものの大きな被害をもたらす津波）、数百年から一〇〇〇年に一度の割合で訪れる当該地域で最大規模の津波の高さをL2と区分し、前者においては防潮堤の内側の人命、財産の保護と経済活動の継続を目指すのに対して、後者において目指されるのは防災ではなく、減災としている。

L2（発生頻度は極めて低いものの発生すれば甚大な被害をもたらす最大クラスの津波）レベルの津波においては、人命を守ることが何より優先され、防潮堤内の浸水は許容されている。つまりここで明らかなことは、国や自治体も津波被害を完全に封じることは不可能だとして、次善策としてL2対策に舵を切っているということである。

しかしながら、実際に宮城県沿岸部の各被災地で見受けられるのは、数十年から百数十

年に一度の規模で想定されているはずのＬ１レベルの津波に対する対策への異議申し立てである。津波が堤防をのぼるせり上がりや地盤沈下によって、沿岸の防潮堤の計画案では軒並み一〇メートルを超す防潮堤が予定されすでに建設済のところもある。今回提案されたＬ１の津波に対応した約一〇メートルの高さの防潮堤に異を唱えているのは、今回の津波で家屋を流失しているはずの三陸沿岸、気仙沼市唐桑の漁業集落の住民および内湾の市民たちなどである。なぜだろうか。

普通の需要と供給の関係が完全に逆転してしまっている。こういう問題がまずあり地元で困っているので、役所に頼み込んで何度も要望した結果、建設を渋々認められるのだったら話はわかりやすいが、何ひとつ地元から要望していないにもかかわらず、それに先立って何かをつくってあげましょうというのは先の識者が考えるような千年災禍というスケールでもっての所業の技であるように思われる。

防災の専門家である片田敏孝も、防災は行政の役割という考え方が当たり前になっているが、これはとても危険だと指摘している（片田二〇一五）。危険地域に堤防をつくるのは行政の仕事、浸水想定区域をハザードマップで示すのも行政の仕事、避難の必要があれば防災無線で知らせてくれる、これら自分の命を守ることに対する主体性が失われ、災害過保護的状態が顕著で、その結果として人為的につくり上げた安全は、物理的、確率的な安全性を高めたが、人間や社会の脆弱性をかえって高めることになっていると警鐘を鳴らしている（同上：一九四）。

また、壊滅的な被害を受けたはずの更地にかさ上げをして再度居住したいと自治体に訴えているのは、災害危険区域指定の解除をもとめる被災者たち自身である。たとえば地区がまるごと流されてしまった仙台市の荒浜地区では、七メートルの防潮堤と六メートルのかさ上げ道路を整備してもなお危険であるとして、市は元住民たちの災害危険区域指定の解除と現地再建の意向を退けた。

なぜとりわけ宮城県の沿岸部で再来の疑われない津波を身をもって知りながら、海のすぐそばで生活していくことを選び、地震や津波のリスクをあたかも積極的に引き受けるかのような暮らしを選び取ろうとするのだろうか。

†コスト・ベネフィット論の陥穽

計六〇〇ヵ所、総延長四〇〇キロを超える巨大防潮堤は、建設費だけで一兆を超え、その後の地方自治体がもつ維持管理費を考えると巨大災害に比してこれまでにない巨額の国費が投じられたことになる。県の担当者も、この時期を逃せば、絶対今後とれない予算であるので死守すべきであると鼻息荒く語っていた。これは先の識者に通底する考え方である。防潮堤を考える公聴会で、人が住まない土地で誰の何を守るのかと質問されると、ある役人は、道路を守るしかなかったというくらいであった。そうしたお粗末な使われ方をしたところをはじめ、離島の誰も住んでいない小さな畑を守るためになぜこのような巨大な防潮堤が必要なのか、といった疑問が各地から出された。

単純に防潮堤の建設の問題にとどまらず、宮城県知事が気仙沼市民と対話した際の議事録にも、「防潮堤はつくらないけど、背後のまちづくりはやりますというのは絶対に認められない」(「防潮堤を考える会」議事録)とあるように、喫緊《きつきん》のまちづくりや再開発を〝人質〟にとって高い防潮堤建築を進める意図が当初から明らかにあったと窺わせる。

果たして巨額な予算に見合うメリットはどうなのか。通常これらはコスト・ベネフィット(費用対効果)の経済的な計算から試算される。ベネフィットには地域の景観や生態系の破壊なども含まれている。このことも見越して、農水省や国交省の海岸管理部局に宛てての通知では、留意事項として、「(堤防の高さは)海岸の機能の多様性への配慮、環境保全、周辺景観との調和、経済性、維持管理の容易性、施工性、公衆の利用等を総合的に考慮しつつ、海岸管理者が適切に定める」ものとしている（高成田二〇一四）。

コスト・ベネフィット論が陥りやすい問題点は、全国一律の議論として、何を守りたいかということが捨象されて、すべての価値が等価なものとして平均化される点にある。それに対して、とりわけ宮城県気仙沼地域が、市を挙げて巨大な防潮堤に対して反対している理由を探ってみると、必ずしもこのコスト・ベネフィット論では収まり切らない〝文化的価値〟が歴史的に見て比重が高く、防潮堤をつくらない方向に向かわせてくることがわかってきた。

なぜ必ずしも海に関係しない人まで巻き込んだ気仙沼市民はこのように巨大な防潮堤建設に関心をもち、異議を申し立てるのだろうか。以下、オキ出しとオカ出しというふたつの津波への備えの観点から見てみたい。

2　オキ出しとオカ出し

†命と生活の両方を保証する〝オキ（沖）出し〟

三陸沿岸の漁師は地震の際、津波の襲来に備えて、陸《おか》に逃げるのではなく、津波の中心すなわち沖に向かって出航する。その行動は、「沖《おき》出し」と呼ばれている。なぜ安全な陸ではなく危険とも思える海（沖合い）にあえて向かうのだろうか。そしてこのことは高い防潮堤の反対とどのように関係しているのだろうか。

沖出しは、水深五〇メートルの沖合に行くことができれば、津波の被害を受けないといわれている。そのため、三陸沿岸を中心とした津波常襲地帯では、リアス式海岸で被害を受けやすいとともに水深五〇メートルの深さが連なる海溝をすぐ近くに構えている。地震が起こると沖出しを行う慣習がある。もちろん、沖出しは大変危険な行為で漁協でも自制を強く促し、水産庁のガイドラインでも漁民の命を守ることを最優先して禁止している。

そして漁師の間でも、3・11の大地震の二日前に強い地震があり、家族でもし津波が来たら、船はつながれていることだし、たとえ船を捨てても裏山へ逃げようと家族で話し合っていたが、震災当日言葉と体は違っていて海に船を出す漁師もいた。これらは、「家よりも船を救え」「船は漁師にとってみれば女房みたいなもんだ」という教えとも重なり、単にその後の経済的な理由や生業の場所という飲食をしたり、寝たりする生活の場所であり、かつ神などを祀る神聖なものでもある（川島二〇一二：一一〇～一一三）。

経験的事実として見れば、津波襲来以降の経済活動でも優位なことがわかる。たとえば、宮城県気仙沼市唐桑の養殖漁業者の大半が十数分かけて沖出しをすることで、八～九割の船が残り、半年で商品として期待できる促成栽培である養殖ワカメを積極的に導入し、震災の秋にワカメの種つけをし、震災翌年の春にはワカメ養殖の出荷を迎えることができている。震災前年度の実に一・五倍の伸びを示し、普段の年よりもむしろ多い水揚げ高を記録している。漁師たちは沖出しの結果だと考えている。

他方、内湾に面し沖合までの距離が遠い南三陸町の志津川支所の船の総数は、五五艘を残し大半の船が破損および流失したのとは対照的である。震災から二年を経過した時点で他の地域も新造船を注文し殺到している状態で四六〇艘要望のうち約三分の一の船が届いていない現状であった。暮らしを復旧するうえで漁業になかなか戻れないのか、震災後まもない時期に漁業に復帰できるのかは、すぐさま国からの直接的な生活保証が見込めないなか漁師によっては死活問題である。

沖出しについて気仙沼市唐桑で現地調査した今野雄太郎は、地震が起きて、周りが動揺している間に沖出しの可否を適切に判断して、すぐさま行動に移すのは、死ぬかもしれない自己犠牲的な行為ではなく、人（家族）や船（漁師の第二の命）この両方を守り抜く自己防衛的な行為だとして、沖出しを「海のアジール」論に位置づけている（今野二〇一三）。漁師自らの自由を得るために唯一のオキへと向かう。そして彼らは海を望めるところに住みたいと必ず言う。起きてまず朝に海を眺めることで、その日の様子や〝機嫌〟がわかるという。家や仕事場を奪われ、女房とまでいわれる船を失うことは彼らにとって死ぬことよりも怖いことになる。だからウミのものは津波の方向へと自然と向かうのである。陸から、浜、磯、沖へとつなぐ拡がりは、決して陸と海が離れていない感覚なのである。

†海からすべてのものがやってくる〝オカ（陸）出し〟

以上がオカ（陸）から海へ向かって生活と生命両方を守る沖出しであったが、今度は気仙沼市といえば報道のカメラによって海と街が映し出される内湾地区における、すべてのものが海からオカ（陸）へと向かってくる〝オカ（陸）出し〟の地域文化が存在する。

気仙沼の内湾地区は、海に面しているが、海と人とが分断されずにつながっている感覚が強いまちである。それを指して、海から長靴ひとつで船から降りてぶらぶら歩けるつながりを指して「第二の故郷」とか、サンマなどの大漁の水揚げを桟橋で渡してすぐに揚げられる姿を指して「オカ（陸）出し」という表現を使うことがある。

海からの恵みをダイレクトにオカまで持ち込まれる様子を指しているが、実際、魚は買うものではなく、もらうものである感覚で、焼き魚や煮物ではなく、生の刺身で出されることが多く、魚に飽きるほどである。魚市場からトラック一杯に積まれた魚がカーブを曲がるとバラバラと何百匹落ちて、それが拾われて夕飯の食卓に並ぶこともあったという。常にまちには魚の匂いで満ちていて、気仙沼のまちそのものが海との生業で成り立っている港町である。

防潮堤と気仙沼の市民との関連を現地調査した佐々木広清は、〝身水性〟という言葉を使って説明しようとしている（佐々木二〇一三）。通常私たちが用いる親水性という言葉を超えて、気仙沼市民が海と接している感覚は、五感という身体を通じて感受している。海で遊ぶことによる触覚、食を通して感じる味覚、魚、潮の匂いを通して感じる嗅覚、潮騒を通じて感じる聴覚、幻想的な海霧やみなとまつりで海上に上がる花火を見ることによる感じる視覚である。海はもはや彼らと一心同体であり、五感に染みわたっている空気のような存在で、防潮堤によって人間と海とが分断されることに対して、あまりに身体化して

写真８　「無」防潮堤だった気仙沼内湾魚町地区（2007年11月9日）

いるがゆえにそれに反対する「言葉」が見つからなかったと住民を擁護している。

彼らの生業も造船所、魚問屋、乗組員の保養施設・飲食街、製氷・冷蔵庫などの漁業関連設備、水産加工場など、すべて陸からではなく、海からの恩恵を受けて成り立っている。

魚問屋といわれる他県の漁船を受け入れるシステムがある。魚問屋は、気仙沼港以外の港に籍を置く船に対して、船主に代わって「船の仕込み」といわれる食糧や燃料などの物資補給の手配、船の修理、魚の販売、魚市場業者との精算の仲介、信頼の置ける乗組員の補給、情報提供、漁協からの乗り出し資金の引き出しなどの業務を執り行う。ここにも、造船、鉄工、電気、無線、食品等、多業種が関わってくる。多くの産業が海と関わる生業で暮らしを立てていることがわかる。

さらに、一見海と関係なさそうなパチンコ業や映画館なども海の恩恵を被っている。それは長靴でぶらっと入港でき、第二の故郷という気楽さもあって、公衆浴場、旅館、飲み屋などの飲食業、映画館、ボーリング場やパチンコなどの遊技場で、長く船内の「独房」とまで称されるなかに閉じ込められていた船員は遠洋漁業からのひと時の開放感を気仙沼で味わうことができる。幅広い職種が関係することでも海との関係を切り離すことはできない。そして気仙沼市や商工会議所なども他県や他市に赴いて誘致に積極的だった。

船着き場では早朝から船が流行歌を流し、選曲や音量で船員たちが競い合い、海からハイカラな文化としてそれらを摂取していた。オカ(陸)出しは、異文化に触れ、舶来文化を摂取する最先端の場でもあった。中学校の校舎の新築なども、定置網の大豊漁の年には、漁協から多額の寄付という形で行政に頼らない形で建設されたりもした。海の賜物を再分配し地域に還元する仕掛けがあちらこちらにあった。

多くの気仙沼の住民は「(気仙沼の内湾は)海と陸がつながっているまちだ」と考えている。これは、抽象的なレベルではなく、言葉にはならないが、上で見たような身体的なレベルでの〝当たり前〟の感覚なのである。

そして佐々木は、気仙沼に高い防潮堤ができることは、気仙沼が死のまちになることを意味し、海と住民が相互に紡いできた歴史、文化や記憶という一切のものが住民から切り離されることを意味するという（同上：六二）。気仙沼市の内湾地区は、他の港町と異なり街全体が海と何らかの関わりをもっている点が特徴的である。この文化的歴史的価値を大切にしている証拠は、約五〇年前の一九六〇（昭和三五）年に起きたチリ地震津波では約一・五メートルの高さの津波を経験し被害を受けているが、それでもなお、当時の防潮堤建設計画を拒否し、防潮堤がないまま現在に至っていた点である。究極的には気仙沼の人びとにとって防潮堤は必要ないのであるとさえいえる。

†「ウミ・オカの交通権」を断ち切る防潮堤建設

以上を見てもわかる通り、人・物・情報・金・文化といったあらゆるものがウミを通してオカ（気仙沼）に入り、そしてまたオキへと出ていく。オキ出しとオカ出しに共通するものはウミとオカが地続きのようにつながっているという点である。海を通して気仙沼は吸ったり吐いたり呼吸をしているのである。ここでは、海を介するあらゆるものの往来を

「ウミ・オカの交通権」と名づけておく。そして海との暮らしは、とりわけ気仙沼市中心市街地である内湾においては防潮堤が全く〝ない〟ことで成り立たせてきた歴史をもつ。

言い方を換えれば、これまで防潮堤がない暮らしを選択することで「ウミ・オカの交通権」を確保し、それを拡充させ、海からの恵みを最大限享受してきたのが気仙沼内湾地区である。ウミの恵みのみを享受して、津波などの災厄のみを排除することはできないと考えている。自ら災厄を引き受けることで、それ以上の恩恵ひいては人生そのものを海に依存させて生きていこうという決意に似たものに聞こえる。

大津波で海のすぐそばにあった自宅すべてが流失し、漁具を仕込んでいた店舗も大きな被害を受けた齋藤欣也さんは、「防潮堤を立てると海と〝喧嘩〟をするようなもので、何か良からぬことが起こる。海を怒らせてしまうのではないか」と言う。怖れの感覚は言語化されないが、すべてのものを流されてもなお海に対する信頼がある。このことは、日常生活における当たり前の感覚として海とのつき合いを示しているといえるだろう。

陸から人・物・情報・金・文化が入ってきたのではなく、それらは圧倒的な比率で海を介して気仙沼に入り込み、そして出ていくのである。ウミとオカの交通権は人びとの死生観すらも決定づけている。気仙沼では満潮に生まれ、引き潮に死ぬと昔からいわれているが、気仙沼出身で地域研究をしている千葉一は、海の彼方に死者の世界があるという感覚で、麦藁で盆舟をつくった幼い記憶に重ね合わせながら、まだ帰らぬ父や兄弟・息子そして友、遭難者が広大な海のどこかで海神《ワタツミ》と共に暮らしているという悲愴な願いを込めて、南の海から回遊するマグロやカツオを海の彼方に暮らす死者たちが毎年贈ってくれる賜物として受け取ってきたという贈与関係を結び、魂を新たにする力が分有・共有されていたものとして、オカとウミの濃密なつながりを捉えている（千葉二〇一四：一四〇）。

小さい子供時分に、港入りしたオワミ（大謀網という伝統定置網漁）の番屋に行って、巨大な飯炊き釜の底にこびりついたオコゲを「コビけらいん（オコゲください）」と言ってもらう子供にしか得られない特権は、聞けば涎が垂れるような旨みという味覚の記憶として遠い過去に結びつけている。オワミは、共生的な社会開発の側面も担っていて、オワミの豊漁の年には、巨大な木造の震災復興記念館（親しみを込めて「キネンカン」と呼称）が建てられたり、中学校の校舎を木造モルタル（「ブリ学校」）で新築もした。千葉には、「オワミに育ててもらった」という感覚が人生の根底にある。

海に生かされ、死者たちと生き、この地域社会で誰かに救い救われ、見守る誰かのまなざしが、ウミとオカの間に、防潮堤によって断ち切られることは、環境や生態系の総体的全体性を、モノカルチャー的に有用と不用に選別し管理しようとする近代の驕った防災と救済の幻想に塗り替えられることになると千葉はいう（同上：一四二）。

いわば気仙沼の内湾地区は海を通して呼吸をしてきたのである。そこに防潮堤が立てば、これまで自由に往来していたものが阻害される。たとえてみるならば、風邪（津波）に対するマスク（防潮堤）のようなもので、確かに外来からのウイルスや外敵に対してある程度防ぐことができる。しかし、それをずっと装着し続けることは日常生活にとって重荷になるし、ウイルスが強敵だからといって、マスクを何重にも重ね合わせて用いれば呼吸が苦しくなり生活に支障をきたすことにもなる。高い防潮堤を建てるべきだとそこに住んでもいないのに主張する生命第一優先主義者は、もちろんインフルエンザを防御すべく防塵マスク並みの強力な防御策を講じて日常生活を送るか一歩も外に出ないなど、対策にきっと余念がないのだろうと思われる。

「（防潮堤のある暮らしは）経験したことがないからわからない」という気仙沼の人びとの声は、日常の暮らし、そして時化や台風などの非日常、さらには大津波などの千年災禍の際もまた、防潮堤がなくてよいことを私たちに示してくれている。世界的に有名なベネチアの港湾都市も、毎年海水にまちが浸かるが、そこから一斉に内陸部に移転したり、居住禁止区域にしたり、ましてや防潮堤など景観を害するものなど建てようもない。つまり津波や高潮という災害的因子があるからといって、それに即座に危険と位置づけ取り除くという発想自体が、近代技術に依存し信頼する極めて偏った思想であるということがわかる。そこから振り下ろされる最小限のローカルなものへの配慮はせいぜい防潮堤に海が見える「小窓」をつけるくらいの発想しか出てこないことはまことに合点がいく。

それに対して、津波という言葉自体も、三陸沿岸で使われるようになったのも、明治二九年の大津波のときからで、それ以前は、ヨダという言葉を用いており、海霊を表すヨナに近いものとして、単なる海のことではなく、そこに意志を感じるものが含まれている(川島二〇一二：六九)。

「ウミ・オカの交通権」によって気仙沼のまちが歴史的に発展してきたことが防潮堤のないことによってもたらされた結果であるならば、防潮堤建設は「ウミ・オカの交通権」を断ち切ることにもなりかねない。それこそ気仙沼の人びとにとって「何か良からぬことが起こってしまうのではないか」という未経験の災禍に巻き込まれる危機なのではないだろうか。

†誰かではない未知の何かによって引き起こされる危険

以上のことは、リスクと危険という言葉に置き換えることができる。一般的にリスクと危険は同じ意味で使われるが、学問的には明瞭に分けられている。この使い分けを用いるならば、たとえば防潮堤のリスクと危険がより明瞭に理解することができる。社会学者のルーマンのリスク論研究者である小松丈晃の論理に依拠しながら見てみよう（小松二〇〇三：三一〜三二）。リスクとは、未来の損害の可能性が、自らで行った「決定」の帰結とみなされ、そのような決定に未来の損害が帰属される。他方、危険は、そのような未来の損害の可能性が自分以外の誰かや何か（社会システムも含む）によって引き起こされたものだとみなされ、そのように帰属される。損害の責任の帰属の違いによって、リスクと危険が使い分けられる。

社会が晒されている脅威の量や程度が問題なのではなく、その損害の帰結を、自然や宿命や神にではなく、何らかの社会システムの行った決定に帰属することへの感受性が高まっている、ということが近代と「リスク」とを極めて密接な形で結びつけている（同上：三八）。津波をリスクとしてL1／L2の指数で評価し、高い防潮堤によって防ぐ、このようなシステムに津波リスクを帰属させるということになる。

そして、単にリスクと危険が分かれるだけでなく、この両者は密接不可分に結びついていて、ひとつの同じ事柄がリスクであると同時に危険であるという指摘もしている。つまり、「決定者がある時点において決定を下したことによって、他方の人びとの未来が、「危険」に満ちたものとして現象してしまう」（同上：四七）。自然現象を津波というリスクとして防潮堤で防ぐことで、誰かではない未知の何かによって引き起こされる危険を呼び起こすことになる。

千葉はそれを自然や死者との倫理的関係の回復と呼んでいる（千葉二〇一四：一四三）。海と共に生きてきた災因・福因ともに属する両属関係が浜にあったのであるが、災因という津波に対する防潮堤ばかりが強調されるアンバランス性の修復を考えるべきときだという指摘は、リスクを捉える際にまことに的を射ているように思われる。そして、防潮堤の問題はそれだけにとどまらず、大震災以降進められている復興のあり方そのものにも共通する視点であるように思われる。

すなわち、復興における合理的で論理的な政策が正しいものとして人びとのうえに押しつけられている。千葉が個人的理由として反対する理由が小さな声に押し込められて、危険で誤ったものとして安全の背景に退けられることにこそ問題の本質がある。つまり、上からの善行的な安全の政策は、生命優先第一主義から巨視的に海辺を捉え、安全な高台・防潮堤・危険な海へと分断／配置する視線である。

それに対して、住民のそれは自分たちの生活世界に配置された生活資源として海を見て、そこに入り、神として崇め信仰し、そこから恵みを受けてきた者の視線である。「ウミ・オカの交通権」は後者の一見、非合理で言語化されない、ローカルな知のありようのなかに権利性が発生していたことを示している。これは、従来の安全工学と徹底的にまで異なる見方の提供でもあるだろう。

第５章

コミュニティ
──「お節介な」まちづくり

完成間近の集団移転地「あおい地区」。宮城県東松島市。

近隣関係において個人関係が重視されるようになり、「向こう三軒両隣」という言葉もだいぶ私たちの意識から薄れつつある。だが、災害が生じたときには、この個人化の傾向はマイナスに働く。阪神・淡路大震災の際に、公平性を重んじた行政は、仮設住宅や災害復興住宅の申し込みに対して「平等」に抽選し、高齢者や障がい者を優先的に入居させた。その結果、社会的紐帯を弱体化させ、集合住宅の個室のなかに孤独死やアルコール依存症を生み出してしまった。

そうした前の災害から当事者が学んだ処方箋は、コミュニティの強化であった。そのためにどうしたのか。上から与えられるレディーメイドのコミュニティではなく、オーダーメイドの「お節介な（過剰な）」コミュニティを考え、現代社会における社会的惰性化に対抗して、住民自身が住民を守る仕組みをつくり出した。見つめ/見つめられる・見守り/見守られるという「相互信頼の規範」は、たくさんの人びとが亡くなった魂の受け皿として、〝魂が帰ってくる〟ことができる故郷としてのコミュニティを生み出している。その実例を見てみよう。

1　個人化を越えたコミュニティづくり

†個人主義の末路

さまざまな仮設住宅を回っていると、明らかに場所によって雰囲気が異なることに気づかされる。明るく集会所から笑い声が聞こえる仮設住宅がある一方で、暗くジメジメとした人影が全く見えない仮設住宅もある。前者では従来のコミュニティをできうる限り維持しながら、自治会を早期に立ち上げ、仮設の集会所もその地域コミュニティが管理を行っている。

他方、後者の仮設は「個人情報保護」の関係から、自治会もなく、市町村が警備会社に委託をして名簿を管理しており、出身の地域もバラバラで寄せ集めという感じすらする。〝公平な〟抽選のもと、居住が移る度ごとに隣人関係をゼロベースでつくり出さざるをえない。行政の中心的課題は、仮設住宅や災害復興住宅建設などのハード面にどうしても関心を払わざるをえないので、コミュニティに配慮したソフトな政策はどうしても後手に回らざるをえない。

自然災害の多い日本では、災禍のたびに尊い犠牲を払いながら、改善すべき防災上の諸課題が浮かび上がってくる。災害時におけるコミュニティの役割も、とりわけ過去の大規模地震の経験を手がかりとして前進させている。

社会的紐帯が弱い社会は、強い社会に比べて自殺率を高めるということは、社会学の古典的テーゼとして知られている。フランスの社会学者エミール・デュルケームは、『自殺論』のなかで、「人は自分を目標に生きることはできない」と明確に述べている。それにもかかわらず、私たちが選択してきた近代化の道は、個人化と読み替えることができる。すなわち、人間関係の煩わしさから、個人的価値を大切にしてきたといってもよいだろう。

しかし、藁吹き屋根だった時代に比べれば、現在のコンクリートジャングルの都市は被害自体が甚大になるばかりでなく、復旧においても大幅な時間を要することになる。つまり、災害が都市文明と個人化に比例して規模や被害が大きくなっているのである。このことを私たちはどのように考えればよいのだろうか。

†阪神・淡路大震災の反省

一九九五年の阪神・淡路大震災では、地区ごとの仮設住宅入居ではなく、高齢者や障害者などの生活弱者を郊外のニュータウンや人工島に優先して入居（全市・優先入居制）させたことが、居住環境の変化による故郷と人間関係の喪失につながり、孤独死を多く生み出すことになった。

この教訓から、新潟・中越地震の際には、居住環境に配慮した仮設住宅づくりが進められた。また、義援金支給、住宅解体助成制度等の実益のある生活支援策を実行した。ただし、阪神・淡路大震災の経験を踏まえた仮設住宅運営であったにもかかわらず、すべての仮設住宅が地区ごとの入居とはいかず、新潟・中越地震でも関連死が五二人（死亡総数六八人のうち七六パーセント：日弁連二〇一二）にのぼり、必ずしもこの問題が解決されたわけではない。

東日本大震災においても、すでに震災関連死の数が把握されているだけでも相当数（三三三一人：二〇一五年復興庁）にのぼっている。阪神・淡路大震災の直接死のおよそ半分である。阪神・淡路の実に二分の一の巨大地震が現在進行中なのである。仮設住宅の段階で名取市のように地区ごとの入居でその後のまとまりを確保する先進的な事例がある一方で、大半の自治体は、リアス式の海岸沿いで平坦な土地は津波のリスクがあるとして、土地確保の問題などから、抽選方式のバラバラ入居をとらざるをえなかった。そのなかで当面する課題に対していかに対応できるのだろうか。

†津波常襲地と非常襲地の文化的社会的装置の違い

同じ津波被災沿岸域でも、大雑把に規定すると、宮城県の南三陸町以北と石巻市以南では、このような津波を含む海難死の対処に大きな違いがある。すなわち、南三陸町以北の沿岸域は、リアス式の沿岸をもつ旧田老町や津軽石、気仙沼など、昭和・明治三陸大津波をはじめとしてこれまで繰り返し津波に襲われた、いわば津波常襲(習)地帯である。それに比して石巻市以南は、津波はめったに来ない〝非〟常襲地である。

この常襲か非常襲かの津波の頻度によって、それに対処する人間の文化的装置もかなりの違いがある。

それはちょうどお葬式を私たちが知らなければ、人が亡くなったときにどうしてよいのか立ち往生してしまうのと同じである。先人が経験したことを受けてある程度どのように対処してよいのかという態度、すなわち文化的社会的装置が備わってくることになる。
たとえば、津波常襲（習）地帯に属する宮城県気仙沼市唐桑町では、このたびの大津波の後百箇日に御施餓鬼供養とハマ祓いという儀礼が執り行われている。主にカツオ漁や遠洋マグロ漁業などに深く関わってきた唐桑では、度重なる海難で数多くの人命が失われてきた。その際、海を穢れていると捉え、海難に遭遇した死者・行方不明者の魂を一カ所に呼び寄せ、祓い清めることで浄化された海に出る（出漁する）ことを可能にしてきた。恐れであるとともにそれを乗り越える処方箋を文化のなかで保持してきたのである。すなわち、たとえ一〇〇〇年に一度の大津波といえども、日常に回帰するためのレジリエンス（回復）機能が文化として内在化している（植田二〇一二）。

ただし、このような宗教的儀礼による生の回復は、度重なる自然災害に向き合って発動される文化的・宗教的装置だといえる。そのため、多くの人が海の生業から離れている名取市の閖上や東松島市の大曲浜《おおまがりはま》などのような津波の非常襲地帯には、常襲（習）地帯におけるような災害に対処する文化的・宗教的装置は備わっていない。浪分神社など貞観津波の遺構は一部、震災後着目されてはいるが、津波に対する参照点（この災害にはこのように対処するという準拠枠）となるべき装置が不在といえる。そこで重要となるのが、瞬間的に立ち上げることができるような疑似的な文化的・宗教的装置の存在である。その疑似的仕掛けが、次に示す災害コミュニティの立ち上げである。

†子供が大人のルールや規律をつくる

宮城県東松島市「矢本運動公園仮設住宅」では、さまざまな催しや取り組みが実施されている。イベントカレンダーを見てもぎっしり予定が埋まっており、二〇一五年時点でも三日に一度はイベントが実施される過密スケジュールである。一般的な自治会や町内会の取り組みと比べると〝過密な〟コミュニティ運営となっていることにある。なぜこれほどまでにイベントを催し続けなければならないのか。

東松島市全体では死者一一一〇人と行方不明者二四人の犠牲者が出ており、避難所では、災害発生の一〇〇時間後（四日）から一〇〇〇時間後（四〇日後）にかけて「災害ユートピア」（ソルニット二〇一〇）が発生しやすいといわれ、一致団結した皆が協力的なコミュニティは緊急避難的な保護膜としての役割を期待される。その一方で、物資の配布や掃除など不平不満が充満していた。

ところが、のちの住民主体の萌芽となるものが生まれている。それは子供の笑顔で大人が元気を取り戻せる力の発見である。たとえば、物資の配布を当初行っていた頃は、物資不足から一人一個の支援物資を配布できなかった。その結果、人数割りではなく、世帯ごとに人数の多寡にかかわらず配布したところ、不公平だということで不満や苦情が燻っていた。そこで配布する役割を子供に担ってもらい、「ルールや規律を守る姿を見せましょう」と呼びかけると、子供の手前、大人としてのふるまいを子供に対して見せざるをえず、スムーズに避難所運営を行うことができるようになった。

地域ごとの仮設住宅への入居ではなく、バラバラの入居であり、あいさつをすることもできず気持ちが沈んでいる状態であった。それは素性がわからず、たとえば傍目から夫婦だけでいて子供は仙台など市外にでも出ているのだろうと勝手に思っていたところ、実は子供たちが津波で亡くなっていたことが後からわかったりする。このようにお互いの人がどういう状態であるかがわかる避難所の状況と異なって、隣人に気軽に声をかけるには憚られ、個々の状況に踏み込むことができなくなってしまう。場所的に仮設住宅は一カ所に固まっているが、コミュニケーションが図られないような孤立化が進んでいった。

当初自治会長を頼まれた小野竹一さんは、行政から個人情報保護法の縛りから、仮設に入った住民の情報名簿を提供できないと言われた。仮設住宅がある場所は今回の津波浸水

写真9　東矢本駅北地区まちづくり整備協議会の小野竹一会長

区域内であるので、津波の浸水が今後も十分予想される。そこで、竹一さんは、「私たちは仮設にいる元気な人だけを助けて逃げるから、残された要介護者などの社会的弱者は行政が把握しているので、担当者がみんな助けてください。その責任はとれるのですか」と詰め寄った。

つまり、現実には行政だけで社会的弱者を見守ることはできないので、その情報は行政だけで握るのではなく、住民目線で下支えすることができる自治会などのコミュニティが担うべきものであるという発想をとった。自治会もなく警備会社のみが情報をもっていたり、集会所の鍵を預かっている仮設住宅もあるなかで、自治会をつくってそのなかで情報を集めながら主体的に動くのが現代社会のなかでいかに困難なのかということがよくわかる。

†一人ひとりが役割をもつ

正月が過ぎれば新年のイベントが終わり、三月の震災の日に近づくにつれてお寺での法要が地域で重なるために二月中に前もって行う。そうすると住民のなかにはフラッシュバックに陥り、数カ月また気持ちが落ち込むその繰り返しとなるという。

孤独死を避け沈痛な仮設の雰囲気を払拭するために、イベントを企画し続ける。普通考えると、一部の人が企画して受け身的に参加するように思えるが、この仮設での工夫は、それぞれに役割を与えることで半ばみんなが総出で参加できる仕掛けをつくっていく。

お花見の際にはギネスに挑戦ということで、一二三人が輪になって腕組をして一斉に立ち上がるイベントをした。三回挑戦したが転んだりなかなかうまくいかずいずれも失敗した。しかしこの失敗がクスクスした笑いとなる。あえてできそうでできない演出を通して、みんなのかかわりと笑いの創出でひとりでいることの寂しい気持ちを払拭する。半強制的だが、いつのまにか自然と共有と連帯をもたせる仕掛けになっている。

たくさんのボランティアもイベントに参加の申し出があってそれは受け入れるが、ボランティア団体には必ずたとえわずかでもいいからお金をもらってくださいというお願いをしている。無料にしてふるまってしまうと、常に受け身として当たり前の感覚となり住民の主体性が失われるという理由からである。将来を見据えた自立への道筋という考え方である。

修学旅行の視察の受け入れをしたときは、集会所に寝泊まりしてもらい、避難所の運営の体験をしてもらい、その過程で約束として役員に学生たちの手づくりの料理をふるまうことを条件にしている。一見すると矛盾するように見えるが、学生は料理をつくるのはもちろんのこと大きな鉄板でつくることには不慣れなので、試行錯誤でやっていると、じれったいのと孫のような可愛さがあまって、仮設の人たちがいつのまにか手伝ってしまいつくってしまうのである。常に仮設の運営には、大人を主体的に動かす子供たちのもつ力に目を配りながら塞ぎがちな被災者がいかに参加して自分たち自身で立ち上がれるかを心掛けている。

一〇〇メートルの海苔巻きをつくってギネスに挑戦する取り組みなど、派手に見えるイベントでも回を重ねるうちに、男女ともご飯を「おらいがつくってくるから」という形で自ら炊いてもってくるようになる。全体の状況を見ながら自分ができることは何かを自主的に判断できる感性が育っていることに気づかされる。共同作業での自分の役割が「〇〇さん今日も手伝ってくれている」という形で外に向かっても発信され本人自身にも見えるようになっていることが大きい。このように交流してお互いに役割を補完する機能を、仮設住宅の空間に生み出したのである。

†自治会主催のお酒飲み

亡くなった人びとや寂しさを癒す取り組みとして、通常はお茶飲み会が開かれる。しかし、このような催しに参加するのは女性ばかりで、孤独死やアルコール依存症、睡眠障害、心的外傷後ストレス障害（ＰＴＳＤ）などの危険リスクが高いとされる高齢の男性は取り残される傾向にある。

男性はお茶飲み会を気にしながらも女性の集まりに窓越しで覗いているだけで、プライドが高い分、社交的な集まりに参加しない。失業保険が切れる時期に過度な飲酒が増えることが多くなってきた。つまり一人で飲酒すると際限なく酒瓶を飲み干してしまう。亡くなった遺族のことを想い嘆く飲酒や、眠れないために飲む寝酒をこのまま続けさせればアルコール依存症にもなりかねない。

しかし自治会は、これを禁止しない。禁止するのは簡単だが、呑みたい気持ちもわかるという寛容な立場をとる。そして過度な飲酒ではなく、むしろ飲酒の場を設け、適度な量を自ら知るべきだという逆転した発想をとった。こうして自治会主催の「男塾」を男性用に立ち上げるに至った。お酒のつまみを自分でつくる催しなども開きながら、嘆きの飲酒を楽しみに変えていった。

†集団移転の罠――あるまちのケース

ところが、以上のような仮設住宅での取り組みがうまく機能していたところに、転機が訪れる。震災前に住んでいた東松島の大曲浜をはじめ沿岸地域が、津波リスクによる危険災害区域に指定されたのである。そのため、現地再建の見通しが閉ざされ、集団移転を迫られる形になった。

そうであれば、どの場所に行ってどう暮らしたいのかを話し合わねばならない。さっそく議論が始まった。東松島市全体では七カ所の集団移転地を定め、希望によってどの地域にも入れる形を採用した。これは仮設住宅でつくった支え合う絆を、もう一度集団移転地でガラガラポンをしてやりなおすことを意味する。

多くの場合、集団移転地に移り住んだ後に、もう一度まちづくりをゼロからスタートせざるをえない。顔合わせから始まって自治会も後から設立されるケースがほとんどである。行政のほうも、仮設の場合と異なって、集団移転のハード面の完成が復興に向けてのゴール地点と見て、あとは自立してくださいという突き放し方をするところも少なくない。あるまちのケースを見てみよう。

そこでは二〇〇世帯の大規模な集合住宅が建てられ、住民は抽選方式でバラバラに入居した。入居から一年半経った段階で、コミュニティ調査を行った。行政から委託された区長は、ほぼ一人だけで頑張っている。建物はコンサルタントが入った立派な建物で、草刈りやイベントなどを行っており、外部から見ればコミュニティの形式的なものは整っており、町からも評価されている。

しかし、その実態は魂の込められていないコミュニティである。内部に詳しい人に聞けば、役場の認識も建物などのハードに関心が集中し、コミュニティなどのソフトな面はなおざりにされていて、驚くべきことに「コミュニティってお茶飲みの機会さえあればいいでしょう」という認識しかなかったという。そして「自立」の名の元に内実の伴っていない住民がただ建物のなかに入れられているだけである。

実際に住んでいる住民に個々に戸別訪問で聞き取り調査を行ったところ、当然のことながら新しい集団移転を評価する声が聞かれ、狭小な仮設住宅から解放され、隣近所とも良好な関係で鍵を外出の際には預ける人もいた。その一方で見過ごせないのは、やはり孤独な人びとで、見守りもされずに取り残されている実態が浮かび上がってきた。社会福祉協議会が辛うじて把握する程度にとどまっている。少しだけ住民の悲痛な声を拾ってみよう。

「溶け込もうとするけれども、自分一人が浮いている気がして、みんなにじろじろ見られている。夜の一〇時くらいになれば本当に気持ちがゆっくりできて、早く夜になればいいなあと思うの」

「みんな立派だ立派だと言うけれども、仮設（住宅に暮らしていたとき）のほうがよかったかもなぁ、なんか横のつながりがあった気がするよ、ここは外さ出なきゃほんと人っ気しないもん、（復興住宅の建物が）立派すぎるんだよ」

「（震災前は）みなさん持家のほうが多い感じで、マンション系の建物はなかったから。やっぱり入って感覚がつかめないってのもあるし、都会だよね、やっぱり（集合住宅の）この造りが。だから戸惑うってのもあるよね、だからここに入って、ああ仮設（住宅）のほうがよかったなっていう人の声聞きますよ。（集合住宅は）静かなんだもん、ドア閉めると。

だからね、仮設よりもこういう災害公営住宅に入ったほうが、心配なほうが多くなってくる。隣近所わかんないし、ドアほんとに厚いんですもん。パッンと閉めると（話声や外の音が）聞こえないだもん。そしてやっぱり、仮設のときは隣近所ともつき合いがあったんだけど、その近所の人たちが（災害公営住宅にも）入ってるんだけど、わざわざ来ないって」

もちろん自治会自体で工夫はされているが、それはあくまで個人間の関係性にとどまっていて、そこから抜け落ちている人びとがいる。この集合住宅の場合、孤独死などの潜在的なリスクは高い状況にあると判定できる。阪神・淡路大震災で苦い経験が二〇年経っても生かされていない。そのような惰性をどのように打破すればよいだろうか。その打破の試みを、東松島市を例に見てみよう。

2　行政のいいなりにならない〝オーダーメイド〟のまちづくり

†魂の道標としてのまちづくり

宮城県東松島市の集団移転の場合は、最初の災害公営住宅への入居予定となる実に三年以上前の時点（二〇一二年一一月）ですでに、運動公園仮設住宅の自治会長の小野竹一さんを中心とする有志一同という形で、東矢本駅北地区まちづくり整備協議会を立ち上げている。自分たちのこれから住むまちは、ただそこに住まされるだけのまちであってはならない。自分たちでどのようにすれば暮らしやすいまちになるのかを考えよう、という思いからである。通常なら公営住宅の鍵を渡して、その後、「はいこれから集まって勝手に自治会をつくってください」という形をとる場合が少なくない。

しかし、彼らには行政のために自分たちが動くのではないという意識が強くある。こういう生活があるという絵を描いて移転できるのと、いきなり鍵だけを渡されるのとでは天と地ほどの違いがある。もちろん自分たちがよいまちにするのだという背景には、生きている人たち以上に、浜でたくさん無念にも亡くなった人びとの魂の問題があった。災害危険区域に指定されたため、これから魂が帰着する場所がない。自分たちがこれからつくるまちをふるさとと思って安心して帰ってもらえる素晴らしいまちにしたいと想いがあった。生きているこちら側の魂が真剣に呼応しないと亡くなった多くの人びとの魂の行き場所がなくなってしまう。まちづくりはそのような〝魂の道標〟となる受け皿としての意味合いも含まれている。

†まちづくりのユニークなアイデア

東松島市にあるJR仙石線東矢本駅の北側に拡がっていた田んぼ二二ヘクタールの跡に、災害公営住宅三〇七戸、移転用宅地二七三区画の五八〇戸分が新たに整備された。そして約一八〇〇人規模という、被災地でも最大の集団移転が行われた。移転するまでに年間一二〇回以上の「井戸端会議（ワークショップ）」の会合をもってきた。まちづくり協議会は、三一人で構成される役員会を八つの専門部会に分けた。いずれの部会もユニークなアイデアで充たされている。そのうち五つを紹介してみよう。

①自分たちのまちの名前

当初行政によって名づけられた東矢本駅北地区という素っ気ない名称は、現在は「あおい地区」と名づけられている。これは広報部会のもとに、新しいまちの名称選考委員会をつくって、全国から募集した名前の候補のなかから、未来にこの地区を引き継ぐ中高校生にも入ってもらって、各世帯一票から一人ひとりが投票をして決めた。空と田んぼ、大曲浜の青をイメージできるものとして命名されたが、名称はいわば空間を自分たちのものとして場所化するうえで欠かせない作業である。

そして、単に通称としての地区名ではなく、行政上の「住居表示」として認めてもらうように行政に働きかけた。当初担当課長はこれを渋り、六個ぐらいできない理由を挙げてできない旨を伝えてきたという。行政の考えは役所のなかだけでやってくれと言って突っぱね、そのような形だけの理由づけではなく、できないのであれば民間人を納得させる理由が必要だと伝えた。ただし、部会のなかに行政の担当者も入って議論に参加できる仕組みをとっていて、これは大きな仕組みである。

しかし、住民の立場に寄り添いながら何も意見をいわず最後のところでできないという反対を唱えるのは、協同作業としては納得できないプロセスがあり、もしできないのであれば、決定権をもっている役所の人を最初から参画させてもらうことを要望した。交渉の末、市議会の審議を経て正式な住所表示として認められることになった。

②「くじ引きなし」の区画整理

移転先でどの土地に住むのかを決めるのは、行政の公平性の原則に則って、最初からくじ引きの方式を多くの自治体では選択している。しかし、あおい地区では一八〇〇人という大人数の集団移転ながら、くじ引きは最後の手段として、暮らしやすいまちにするために平等の手法は後に回された。

それは、人が移転先にまだ住んでいないのに、交流会を二年前より持ちはじめ、そこで仲良くなった人たちが、移転先で場合によっては八〇〇メートルも離れることで再び行き来がしづらくなってしまい、孤立化を招いてしまう。そこで協議会では「区画決定ルール検討部会」をつくって、親子や親戚や震災前の隣組などの顔見知り同士ができうる限り隣になる仕組みを模索し始める。

だいたい二〇世帯ほどが回覧板を回しやすい所帯であると位置づけて、区画を一五のブロックに分けた。複数世帯のグループでもエントリーできるようにし、好きな人同士でどのブロックにするのかという希望を決める。細かく区分されているので、同じブロックであれば、多少離れていても二、三軒の範囲で動けるので納得がいく。誰も競合のグループや区画がない場所から随時決まっていき、検討部会のほうで、こちらがうまいこと空いているけれどもどうですかという形で希望者に促したり、交換をしたりすることで、四回程度これを繰り返せば、ほぼどの区画に入るのかが決まる。さらに工夫としては、家族ならば、隣接するふたつの土地の区画に申し込めることをあらかじめアンケートの希望で把握したうえで設定した。個別に家を建てる二四五世帯もの区画が抽選をすることもなく二〇一三年一一月には決まった。

このように手間暇かける理由はそのときだけではなく、これから長いおつき合いをしていく相手でもあるので、コミュニケーションを図りながら、一〇〇パーセントまではいかないが、七〇～八〇パーセントに満足度を上げる狙いもあった。

③地区計画から地区条例へ

単にそこに住むだけでなく、自分たちが住むまちをよくするためには、街並みといった景観にも配慮しようということになった。それが「街並み検討部会」の設置である。さまざまなまちのルールを〝住民自ら〟が決めていく。隣の境界線から一・五メートル離す、柵は透明性のある一・二メートル以下にする、セミパブリックゾーンとして道路から一メートルは植栽に使い緑地帯にする、などとかなり厳しく求められている。

プライベートな（私的な）空間とパブリックな（公共）空間を融合させることで、垣根を低くしてお互いが見守れるような〝縁側的な〟街並みを形成し、敷地を直角にするのではなく、角をとるのも確かに敷地が削られるが、子供が道路に出ている際に車から見通せるという配慮であるという安全・安心の努力を共有していく。雪が屋根から落ちてくるので、それが隣にかからない距離として二メートル引き離すことが提案されたが、話し合いのなかで、一・五メートルに落ち着いた。自分たちがこの距離なら妥当だということを一方的に行政から決めていくのではなく、互いに認め合っていった。

この街並みの取り組みがユニークな点は、市の憲法ともいえる「地区条例」という形で強制力を伴ったものにまで制定しているところである。あおい地区だけでの地区計画だが、この街並みの地区計画は今は自分たちで決めたので守られる可能性が高い。しかし二〇～三〇年後、他の地域から入ってきた街並みをわからない人はどうだろうか。そうした人び

写真10　日本で一番多い数の遊具を兼ね備えた健康づくりのための公園

とに対しても拘束力をもたせるために地区条例の形をとっているのである。

④機能が異なる公園

地区に四つの公園をつくることになっているが、行政論理に従えば、四つの同じ公園を平等に同じ機能をもったいわゆるブランコ・滑り台・砂場などお決まりの金太郎飴のような公園ができてしまう。そこで、あおい地区では、四つの機能をそれぞれ地区の「物語」に合わせて、つくり変えていった。桜や紅葉を植樹して、花見や祭りをするための多目的な機能をもたせた一番大きな公園、ケヤキ並木にして冬にはまちを明るくするためのイルミネーションが点灯する駅前の公園、高齢者が多いことから外で体を動かせるように一九種類のさまざまな健康器具を並べた公園、子供たちが安心して遊ぶための公園という形である。

「公共施設検討部会」は住民からの意見を吸い上げたうえで、要望書を市に提出して、できないという回答があってもそれで終わらせず、金銭的に難しいところはスポンサーをつけて行政をサポート役に回ってもらって、検討をしてもらい実現にこぎつけている。

⑤ペット入居の公営住宅

災害時の移転先では人間のことをまず考えるので、ペットのことは後回しになるが、しかしペットは家族の一員だという考え方がこの地区では支配的である。たとえば、津波の襲来時にペットを助けるために、家族を亡くし、助かったペットと暮らしている人にとっては、家族の代わりあるいはそれ以上のものという意味合いをも含んでいる。

ただし、災害公営住宅では、ペットを飼ってはいけないルールを行政が伝えてきたために、担当者に対しては、「家族を津波で亡くしているのに、今回ペットと入居できないことはもう一度殺してこいということになる。それが役所の考え方なのか」ということを諭す。自分たちできちんとしたルールをつくるのでペットを飼うことが方向性としてよいのではないかとなった。

そこで、専門部会のなかに「あおいペットクラブ」という組織をつくって、もちろん動物が好きではないという住民がいて、そのなかでどのようにお互いが心地よく暮らせるようにするのかというルール形成を促した。専門家を呼んできて講演をしてもらったり、頭数や子供の公園にはペットは入らないなど、登録制をとって対応をした。

†「物語復興」

以上のように、東松島市あおい地区では、住民主体による〝オーダーメイド〟のまちづくりが立ち上がったことになる。既製品としてのレディーメイドの移転ありきのまちづくりから、自分たちで一からつくるオーダーメイドのまちづくりへの転換は、行政のいいなりにならない、手間暇をかけたコミュニティの試みである。

阪神・淡路大震災をはじめ日本だけでなく世界の災害を研究してきた室崎益輝《むろさきよしてる》は、一九八九年のサンフランシスコ地震後のサンタクルーズというまちの復興過程を取り上げて「物語復興」と名づけている（室崎二〇一五：四五三）。被災者の一人ひとりが子供も含めて、「恋人と一緒にお茶を飲む場所がほしい」「まち全体を明るい花で飾ってほしい」「私の愛犬が思い切り遊べる広場がほしい」といった願いを語って、まちの復興像をつくり上げていった。そのうえで、室崎は、自戒の意味も込めて（北海道南西沖地震の際は高台移転推進論者だったが、その後の展開や調査を経てそのことが必ずしも正しいことではないという論文を発表している）、高台か集団移転かといった形が先にあるのではなく、願いや思いが紡ぎだす内容が先になければならず、被災地の夢を叶える復興は、上から与えるレディーメイドではなく、被災者に合わせるオーダーメイドでなければならないとしている。このことは、本章での事例と重なりをもつといえるだろう。

東松島市のあおい地区の場合、人がまだ住んでいない時期から交流会や協議会を立ち上げ、そのなかで専門部会をつくり出して、自分たちが終の棲家とすべきまちをつくり上げていく。もともと積極的な自発的な行為があったと見るよりも、「〜せざるをえない」「気づいたらやっている」状況が子供を中心にして大人がそれに引き連れられて巻き込まれていく仕掛けを常につくり上げている。つまり子供には大人の利害対立を止揚する調整弁としての役割がある。

†惰性化に抗する試み

あおい地区の取り組みを「図」とすると、その背景となる「地」がある。地となるものは、自分たちのまちとはとても思えないまちが次々に震災後立ち上がっていっている現実が被災地にはある。見た目は素晴らしい災害公営住宅が建てられたが、実際に聞いてみると、前述の通りのことが住民によって語られる。

これらの語りは、隣近所と打ち解けたくないと志向しているというよりは、むしろ逆であり、そのように考えていても、抽選的公平機能や建物の近代的構造など行政の仕組みや制度に縛られていることを意味している。

同じく復興災害公営住宅に暮らす九〇代の女性は、入居して一年半以上経過しても近隣住民が誰だかわからない。けれども、彼女を慕って話しかけてくれたり、沿岸の魚やおかずといったおすそ分けをしてくれたりする人がいる。最終のバスが行ってしまって困っていると、やはり見知らぬ人がやってきてタクシーに乗せてくれ、お金までもたせてくれた。そのお礼を言おうと、買い物で買ってきたパンや魚をもって社会福祉協議会が運営するカフェに行って探しているが、「何棟の何号の部屋の誰それと聞く前に行ってしまうのでわからずじまいで。なかなかそういうとき探しているときこそ会えないもんでねえ。困っているのよ」という。その声は嘆きにも似ている。

長らくまちづくりを支援している延藤《えんどう》安弘は、現代社会における社会的惰性化をつくり出している私たちの心の習慣について、次の四つの側面が、相互に強く規定し合う悪循環を生み出していると指摘している（延藤二〇一三）。すなわち、「行政・住民の在来的関係（制度主義・予算主義・議会偏重主義）」「参加の不十分さ」「空間デザインの欠如」「マネジメントの不在」によって行政だけでなく、住民の無関心と受動的な姿勢によって、バラバラな人間関係、話し合いのなさ、合意形成のなさの惰性を生み出し、かかわりの機会と住民力を養うソフトの不在のハコモノをつくり出す。

それでは、幾重にもわたる震災時における不在や欠如を転向させている力とは何だろうか。住民自身が住民を守る仕組みの確立である。サポートセンターなどは短期的な支援だけで、いずれなくなる。そのときに見守りをするのは住民自らだというのが基本の考え方である。そうなると、受け手であるとともに担い手でなければならない〝二重〟の役割を住民自治の基礎に置いていくことになる。見つめ／見つめられる・見守り／見守られるという「相互信頼の規範」の創出である。

大人の秩序を促してきた子供を今度は大人が見守る作法として垣根を低くする縁側の取り組み、ペットを地域が家族とみなすことで癒しと人間の心を蘇生させ育むペットクラブの活動、そして何よりたくさんの人びとが亡くなった魂の受け皿として、魂が帰ってくる故郷としてのコミュニティが位置づけられていることが大きい。二、三〇年後子供たちがこのまちを愛し、自分たちが亡くなったとき彼らを見守ることができる安心感を育てるという循環が出てきている。いわば、このまちそのものが、震災という経験の積み重ねででてきていて、移転して住み込む従前から、建物ありきで建てるのではなく、魂が精神として先にその土地に込められたのである。

復興過程期において仮設住宅の後、災害公営住宅や防災集団移転では、即座に「自立」が求められる。しかし、あおい地区と他の地区との対比でいうならば、仮設住宅の時代から従前にしっかりとした社会関係資本といわれるソーシャル・キャピタルがしっかりと形づくられたうえで、初めて自立といえるような状態を迎えることができる。

社会関係資本（ソーシャル・キャピタル）としてのコミュニティの二面性について、『災害におけるソーシャル・キャピタルの役割とは何か』の著者であるD・P・アルドリッチは、基本的にソーシャル・キャピタルの高さ（強いコミュニティ）は災害復興過程において不可欠な要素であるが、地域の組織に属さない人びとに対してマイナスの影響を与えることを実証している（アルドリッチ二〇一五）。東日本大震災においても在宅被災者や見なし仮設である借り上げ住宅など地域の結束から漏れ出て災害の情報が届かずその動向が見えにくい事象はすでに指摘した。

そのうえで、彼女は、中央集権的な復興政策の計画の大半がうまくいかない背景には、地域がもつソーシャル・キャピタルの機能を軽視している点を挙げて、公的および民間部門の意思決定者は災害前後の各段階においてソーシャル・キャピタルを高めるような政策を構築・適用していく必要性を説いている。つまり、考え方やソーシャル・キャピタルによって被災者の自立までの回復力（レジリエンス）は異なってくることを示しているといえるだろう。

第６章
原発災害
——放射能を飼い馴らす

殺処分されるべき警戒区域で放牧されている牛。福島県浪江町（福島第一原発より14km）。

加害があって、被害がある——そうした加害・被害の図式による問題解決として、補償政策がある。自然災害と一部重なりながらも原発災害は、眼に見えない形で自然災害よりも広域にその被害が拡がっている。国はいち早く安全宣言を出して、帰還政策や除染作業を進めている。賠償の打ち切りと一体であるため、原発再稼働と連動して被害を小さく見積もりたいという意図が政府側にある。

しかしながら、原発災害では、他の災害と比して戻るべき定点が長期にわたって決まらない。いや、決められない状態にある。避難の解消や賠償補償が必ずしも原発被災者の生活再建と結びついていないという現実がある。

そのなかにあって放射能と〝共存〟する智慧が現場から出てきている。普通、放射能を忌避すれば済むし、それは当然とるべき策であるが、放射能を真正面から受け止めるとはどういうことか。目をそむけたくなる現実と向き合い、抽象的な共存ではなく実存レベルでの共存とは何かを考える。いわば放射能を飼い馴らす作法である。

1　厳しい福島の現実

†「フクシマ」「被災者」では捉えきれないこと

「俺らは何だ？」と、仲間のうちでは、そういう話がよく出る。「俺らは何だ？」と言うときに、例えば事故の前は「パーマ屋だよ」とか何とか表現できたわけだけれども、それがいきなり「被災者」になってしまったんですよ。今や冠のない、この被災者という立場から何を言うべきかという、きつい状態に追い込まれている（市村高志、山下他二〇一三所収）

自分が何者なのかというアイデンティティの不在に、原発事故の被災者たちは苦しんでいる。そして、原発事故の爆発の映像から、同心円状からよく見慣れた鳥瞰図であるところの飛散状況に即した区域図（警戒区域や計画的避難区域など）まで、そこにあるのは、まるで私たちが鳥の目線で暮らしているかのようにまなざしている視線である。そこから振り下ろされる「フクシマ」や「被災者」のカテゴリーでは、土を触って生業を営む人たち、お客さんの髪をパサパサとリズムよく切る理容師といった人間の快活に生きる姿は捉えきれない。

今ほとんどの報道や論考で、フクシマという規模の大きさからものが語られている。しかし、これらは初めての事象の切り取り方ではなく、たとえば水俣病でも歴史的に垣間見られる。環境社会学の分野では、被害という一面だけで、人間を捉えるとするなら、それは「まるごと対象を捉える」というフィールドワークの原則から外れてしまうことを指摘している。

環境社会学者の寺口瑞生は、環境問題が社会的イシューとして焦点化している現場においても、いやそうした現場であるからこそ、人間を一枚岩の環境被害者として捉えるのではなく、トータルな生活者として把握する必要性が高まっているという(寺口二〇〇一：二五一)。つまり、私たちはこの「イシュー(問題化された問題)」というものを、原発・フクシマ・避難者のような形で重要視して語ってきているが、それはそれで大事である。それに対して、「イシュー」の裏側にある「コンテキスト(文脈・状況)」を中心に、人と環境のかかわりを見ていかなければ、事の本質を見失ってしまうということである。

†時間と空間の剝奪

原発災害とは何か。それは原発立地のあり方と大きくかかわっている。事故前に安全だと主張しても、万が一のことや反対運動を避けるために、できるだけ人口規模の少ない土地に原発施設を集中的に立地させることになる。そのため都市部などの人口稠密《ちゅうみつ》地帯ではなく、いざ原発事故が生じた場合は、第一次産業である農林水産業を主とする立地市町村を襲うということにある。被害を受ける住民の目線に落としたとき、第一に震災前後で時間と空間の剝奪による身体リズムの崩れによって生活破壊が生じ、自分が何者であるのかわからなくなるということである。

農林水産業などの第一次産業に従事していた人びとの暮らしは、仮設暮らしや臨時のアルバイトなどへと震災後激変した。ある男性は、「野菜が高くこんなにマズイのか」と驚いた。農業に従事していたこの男性は、自分のところでとれた新鮮な野菜を育て取って食べていた。それが、原発事故後、避難指示解除準備区域（福島県川俣町山木屋地区）の住民だったため、野菜をつくっても放射線量の影響から食べることもできず、お金を出してわざわざスーパーで買う。

しかし、とりわけ大型スーパーで買う野菜は、本来の旬のピークで味わうのではなく、品薄を恐れ仕入れ段階で安定供給を最優先させるために、前もってストックをしスーパーの冷蔵庫に置いて寝かせておく。その結果本当の意味での取れたての新鮮さがなくなり、当然、旨みが自分たちでつくるものに比べて落ちる。生産者としてわかっていたが、いざ消費者側に回ってみると、そのことについて身をもって体験したのである。

生活リズムの刻み方は、原発事故前は天候に合わせての暮らしであった。それは良いことばかりではなく、おてんとうさまの都合に合わせるので、三年に一回の頻度で冷害にあう。その対策として、タバコや酪農、花卉《かき》（トルコギキョウ・小菊）など多品種にしながら、冷害への対応をする。うるち米や草類を使って凍らせ乾燥させた凍《し》み餅などの保存食文化も発達させてきた。

そのような中学卒業以来農業一本でやってきた暮らしのあり方は、事故後一変する。農業を離れ、六八歳の男性は初めて大型モーターなどの機械部品の洗浄のアルバイトに携わり、慣れない八時間労働を体験することになる。これはかなりきついという。仕事の辛さではなく労働の質の変化が大きいからである。

農作業の合間には、暑さを凌ぐために二、三時間草屋根のあるところで昼寝や休憩し、雨が降れば骨休めをし、常に自然のサイクルに添わせながら身体を休めることができる。山や空の動きを観察しながらの暮らしであった。それが震災後、昼食や休憩を除いた労働をたとえ雨が降っても暑くても継続して行い、常に時間に拘束された都市的生活を経験することになる。

原発被災地では、人びとが肥満になったという話を事あるごとに聞く。食事や仕事で健康的な暮らしをしていたものが、畑仕事をすることによって適度な運動として成り立っていたものが事故後なくなり、外食や惣菜などをスーパーで買ってきて食べる中食が増えると、たちまち体重増となってカロリーが蓄積していくことになる。このような身体的変化はそれだけにとどまらずときには精神的なものに影響を及ぼしている。それが次に挙げる「震災関連死」や「原発事故関連死」という問いかけである。

†原発〝関連〟死という問い

復興庁のＨＰの東日本大震災の死者数の項目に、震災関連死の死者数の一覧がある。単純に震災に関連する死者数という言葉からは、被災三県（岩手・宮城・福島）のうち直接的な自然の脅威に比例して、より大きな津波を被った岩手・宮城両県のほうが、原発事故はあったもののそれを直接原因とする死者数が極めて限られる福島県に比して多いようにイメージしがちである。

しかし、二〇一五年三月時点までで、岩手県四五二人、宮城県九一〇人に比して、福島県が一九一四人と、二倍から五倍近くの死者数にのぼり、全体の半数を占めている。しかも、両県が震災後三カ月以内に集中しているのに対して、福島県では一年後の時点で三五四人、二年半後で一〇〇名を超える人びとが長期にわたって次々に尊い命を失うという、厳しい現状がある。

当初、厚生労働省は二〇一一年四月福島県を通じて市町村に震災関連死の認定を中越地震等の認定基準を参考にするよう通達を出し、震災から一週間以内の死亡は「震災関連死」、一カ月以内は「関連死の可能性が高い」、六カ月以内は「可能性が低い」、六カ月以上は「震災関連死ではない」とした（福島民報二〇一五：一九六）。

その後、国は原発事故に伴う死は、災害弔慰金の法律のなかの異常な自然現象により生ずる被害に含めてよいとの見解を出した（自殺は精神疾患の証明がなければ認めないという通達）が、市町村間における認定のバラツキがある（同上：八一）。災害から避難生活が長期にわたり日常に溶け込む分、その関連性はよりいっそう不透明にならざるをえない。

いずれにせよ震災関連死の数の多さと長期化に福島の実態を垣間見ることができる、もう少しこの震災関連死というものに焦点を当てながら見てみると、イシュー化された問題ではなく、長期化すればするほど生活のコンテキストに落として初めて原発事故そのものが見えてくるものがある。

もともと震災関連死が着目されたのは、阪神・淡路大震災の際であった。地震や火災で負傷したりしていないにもかかわらず、地震のショックや避難先の悪い環境下で内科疾患が増え、重症化、亡くなる事態を指して、震災関連死という語が生まれた（上田一九九六）。第三者によって一方的に決められるのではなく、遺族の申請によって各市町村の災害弔慰金委員会で決められる。

したがって、原発事故と避難生活で体調が悪化したとの診断があるケースでは、関連が第三者から比較的判定されやすく、震災関連死とされやすい。一方、たとえば原発事故後の自殺という場合、ある市では、現在の診断基準では震災と自殺との因果関係が認められず震災関連死に該当しないとされて認定を断られるケースも実際にはある。つまり個々のケースでは、関連を立証するために、イシューではもはや因果関係を単純に結ぶことができない。そのため、その人がどのような被災をしているのかという細かな事実や避難生活を生活文脈に落としたコンテキストまで含めたものを、震災に関連して説明するよう求められる。すなわち、震災関連死の〝関連性〟は幅広い裾野をもつ性質のものであり、すぐさま震災と死との因果関係を単純化できないところにその本質がある。

その点に着目して、福島民報は震災関連死とは呼ばず「原発事故関連死」と名づけ長期にわたって特集記事を組み、出版物『福島と原発3』（福島民報社編集局二〇一五：新聞協会賞受賞報道）を出した。そのなかから次のひとつのケースをまとめる形で紹介してみたい（同上：六三〜七三、二〇一三年三月一五〜一九日）。

†ある女性の死

夜も明けきらない早朝、ゆらゆらと火柱が上がり、ひとりの人が燃えた。

震災から三カ月半経った日のことだった。渡辺はま子さんは、計画的避難区域である福島県川俣町山木屋地区の自宅敷地で、焼身自殺を遂げた。明け方まで漆黒の闇夜ではま子さんは何を思ったのだろう。遺書が残されていなかったため、東電の代理人は本人の〝内面の弱さ（個体側の脆弱性）〟が自殺につながったと原発と自殺との因果関係を明確に否定した。原発事故前のはま子さんは元来、社交的な性格で近所の人たちを冗談で笑わせる人柄であった。

それが事故後一変する。山木屋の八部屋ある自宅から二人の息子は二本松市などに移り、本人と夫は福島市のまちなかのアパートに移り家族が離れ離れとなった。声を潜めて隣人に気を使わないといけない生活、鶏飼育農場は閉鎖し、新築のローンも残っており、将来への不安が重くのしかかっていた。

次第にアパートに閉じこもるようになり、買い物に出ると「周りから見られる。田舎者で服装がおかしい」と何も買えずに帰宅することもあった。食欲はうせ、見るからにか細い体にやつれていった。

「山木屋に戻りてえ」とはま子さんは堰を切ったように泣き崩れた。宿泊が認められていなかったが、はま子さんの叫びに応える形で、宿泊が認められていなかった自宅で夫とふたり一泊することになった。帰宅する途中に地元の衣料品店に立ち寄り、夫がプレゼントしようと何でも買っていいよと促すと、すべて同じ服の色違いのワンピースを六着購入した。

「明日もずっと（山木屋の自宅に）残る。あんた一人で帰ったら」とはま子さんは言い放ち口論となってしまった。食事を終えて床に就くと、横で泣きじゃくり、夫の手をぎゅっと摑みはなさなかった。翌朝、自宅の敷地内にあった焼却場で焼身自殺を遂げた。

†まなざしの地獄

原発避難とは何か。そこには直接的な放射能の被害は今のところない。しかし、原発事故から派生して避難生活のなかで食材や衣料を要領よく選べないことや、常に避難先で周囲の目を気にして生活しなければいけない暮らしがあった。いつ終わるともしれない避難生活が彼女ら彼らの未来を閉ざすことになる。普段当たり前のようにやっていたことが環境が変わることによって、身体がついていかない歯がゆさやぎこちなさ、誰も知らないところで、自分のふるまいがあざ笑われているのではないかという過重な重圧を感じることになる。

避難生活を強いられ初めての都市の暮らし、そこには匿名性でありながら、誰かに常に見られている「まなざしの地獄」（見田二〇〇八）がある。そのなかに自己を置き、生活の履歴を消去しながら、ひっそりと孤独のうちに体験された。「未来」のみえない「現在」

に帰するよりは、先祖やかつて生き生きとした暮らしがあった「過去」にとどまろうとするあまりにも強い意志がその地域とその土地で炎として昇華された。

東電の代理人が指摘するようなはま子さんの内面の弱さ（個体側の脆弱性）ではなく、むしろ全く逆の内面の屈強な精神の表れが焼身自殺に投影されていると私には理解できる。山木屋の衣料店で買ったワンピースは単色で揃えたのではなく、しかも異なる服を選んだのではなく、同じ服を異なった色で揃えたのは、はま子さんにとっての山木屋という都会ではない土地がモノトーンな単色の社会ではなくカラフルな濃密な世界であったからではないだろうか。喪失した故郷は避難先という場所や賠償金という金銭で代替がきくような代物ではないし軽いものではない、そのことをこれほど鮮烈に物語ってくれている事例は他にない。

震災関連死や原発関連死は、派生的な間接的な死というよりも、生活のコンテキストから孤独の体験を通じて震災や原発事故へストレート（直接）に矢を射る性格を備えているともいえるだろう。

2　放射能に対峙する思想

　このような原発災害における厳しい現実を直視しつつも、死の裏側として再生のヒントのなるものをできるだけコンテキストとして抽出し、原発災害の複合被災の再生を考えてみる。その際、以下、①漁業、②肉牛の繁殖肥育農家、③有機農業という三つの局面から、未曾有の原発事故に対処するための思想を問うことにしたい。

①深い沈黙からの立ち上げ

　原発事故後、漁師は海への確かな手ごたえを得ている。しかし、それが復興への道筋に結びついていないことがある。それだけ原発の問題は表に出てこない分、〝根が深い〟。瓦礫撤去の仕事（水産庁から震災復興関連の予算で漁協が雇用する）が一段落した頃から気持ち的に落ち込む人が多くなり、屈強な海の男たちであるが、自分がどうかしてしまうのではないかと思う人も出てきたという。

震災以前は漁が佳境に入ると、小休憩をとる以外は五日間も寝ないようなときもあった。身体的にハードであるが、気力をもたせるだけの張り合いがあった。今日明日、目の前の魚をとることしか考えていなかった。震災後は労働を奪われ、東京電力からの賠償金が入りひたすら暇ができてパチンコや寝ることしかなくなった。時間を持て余すと余計なことをどうしても考えてしまう。答えのでない問いだけが走馬灯のようにぐるぐる頭を廻るだけであった。

漁に出てほとんど奥さんの顔を見ることがなかった者が、仮設住宅の狭い茶の間で毎日昼夜問わず顔を見合わせることになる。旦那は仕事もなくバツが悪く、「濡れ落ち葉」的ストレスに耐えかねた奥さんはスーパーなどのパートに出る戦略をとる。

震災以前、相馬双葉漁協は福島県のなかでも最大規模で、タコやカレイの水揚げ高が日本一であり、コウナゴやメバル、スズキなど魚介類の宝庫であった。カニで港が埋め尽くされたという時代もあった。産地市場のために、知名度は他県の漁港に比べて高くないが、魚介類の活きの良さには定評があり、天然ヒラメは、常磐モノとして築地では高値で取引されていた。震災直前の年(二〇一〇年)で見ると、原釜《はらがま》の卸売市場でも五一億もの取り扱い額(福島県で一三五億:福島県水産要覧)があり、仲買業者も七四人もいる活気あふれる港だった。国内のなかでも若い漁業従事者が多く後継者も育ってきた地域である。

樽の秤売りから選別売りに変わってからは、基本的に男性が出漁して、それを陸で一二〇人程度の女性たちが待ち構えて仲買人に少しでも印象をよくするためにきれいに獲れた魚を並べて、市場はピンクや黄色などのカラフルな艶やかな色の漁業用の服装で彩られていた。一日に五、六回同様の作業を繰り返しかなりの重労働であった。

そのように身体的な継続した労働が震災を機に途切れて、男性は瓦礫の撤去作業に従事した一方、女性はパートに出てかなりの日数が経過した。雇われ漁業従事者である乗り子や船主の奥さんからは、できるだけ賠償金の補償期間を延ばすように要望されている。しかし、底引き船の幹部の表に出ない本音は、「賠償金をもらえばもらうほどダメになる」という考えである。それは浜が〝廃れる〟という強い危機感をもっているためである。仲買業者は七四人から一二人に激減し、一度楽を覚えてしまった人たちを市場の選別システムへと元に戻すことは難しい。

底曳網漁業者の幹部は、「(原発補償によって) ぬるま湯に浸かっている状態で元に戻すのはおっかない」という表現を使う。いくら安全検査を実施しても風評被害は厳しく、たとえ豊漁でもそれを買い取る消費者側の心理が改善しないなかで独り立ちして経済的に自立するよりも、定期的に安定した収入的な補償（東電による休漁・営業賠償）が入ってくるものに頼ったほうがよいのではないかという問題に直面している。長期的に補償をもらい、裏側の地域システムが現実に動き、それを前提に社会が回っていつしかそれが本当のシステムのように取って代わってしまい、元のシステムに戻しにくい状況が生まれる。

以上のような補償政策の複層化する厳しい状況のなかでも、たとえば福島県内でもいち早く相馬原釜支所の底曳網漁業者は、魚の放射能汚染を調べるモニタリング調査を踏まえ、壊れた船を修理したり魚種を限定しながら試験操業を震災の年には要望をしていた。いったんは時期尚早として保留されたが、翌年の二〇一二年六月にはさまざまな体制を整えて開始された。だましだましに息子たちに新しい漁船を用意し、宝の海への本格的な漁を睨みながら準備を進めつつある。

†② 経済的価値を失った牛を支える深い意味

帰還困難区域にある浪江町と南相馬市の境界上に、三〇〇頭の牛が原発事故後の現在でも放牧されている。半世紀以上牛とつき合ってきた二本松の牧場主である村田淳さんは、福島一、二位の牧場経営主である。肥育・繁殖・子牛を含めると現在一五八四頭を飼っている。酪農家にノウハウと牛などを提供し、見返りに土地や建物、労働力を与えてもらう提携農場というｗｉｎ－ｗｉｎの関係で経営規模を拡大させてきた。浪江・南相馬の山麓にまたがる箇所にも事業展開をしていて、牧場からも第一原発が見える一四キロの位置にあるため、事故後に非常に高い線量の値が出た。そのため、三〇〇頭を超える牛が市場に売り出せなくなった。

避難しながらも、片道二時間かけて一回につき五万トンの餌を三日に一回のペースで与え続けた。二〇一一年四月二一日午前一一時以降は法律に基づいて福島第一原発から半径二〇キロ圏内はすべてのルートがバリケードで封鎖されて、立ち入り禁止になった。それでも警察にお咎めを受けながら立ち入り禁止になった警戒区域に侵入し、餌や水をやり続けた。そうしなければ丹精込めて育ててきた牛たちが死んでしまうからである。

そして、その年の五月、政府は警戒区域にいるすべての家畜に対して移動保護ではなく、安楽死・殺処分を行うよう指示を出す。しかも、最終処分場へ移送するまで放射性廃棄物として埋めて処理することもできないという内容であった。説明会では、その理不尽な内容に農家から強い反発の声が上がった。

村田さんの社内でも殺処分をめぐって喧々諤々の議論が交わされた。その結果、それら

写真11　村田さんの牧場の牛たち

の牛は経済的価値を失ったけれども、あいつら（牛）を見捨てるわけにはいかないという結論に至った。第三者的に見れば、いずれ市場に出されて殺される牛も、経済的価値を失って殺される牛も同じように思える。しかし、牛飼いをしている彼らにとって殺処分される牛と市場に出される牛の死の重みは必ずしも等価なものではない。

牛飼いにとって、「（肉）牛は肉になるのが仕事。途中で土に埋められちゃうのは、すっと心に入っていかない」。見捨てられない以上、命を生かし続けるしかない。他の牧場からも殺処分の牛を助けてほしいと懇願されて、一〇〇頭前後の牛を保護している。

写真 12　治外法権を宣言し他県の汚染牧草を受け入れる

経営者として聞けば牛を算盤勘定ですぐさま一頭あたりの計算が出てくる。しかし、彼は、「お金としてしか見られない人は牛に携わることができない。牛が大好きだということがベースとしてあって初めて経済的に回せる。社員も学歴とか関係なく、牛が好きだということが採用の基準になる。牛ほど幸せな死に方をするものもないと思う。一瞬だから。自分もああありたい」。これはあまり言葉にならないが、哲学的あるいは宗教的なレベルで答えるしかないという。

牛を生かす意味があるのかないのかが、いつも頭を駆け巡る。しかし、牛を生かした以上、殺処分はできないので、岩手県や

写真 13　希望の牧場での殺処分撤回を求める看板

宮城県で出た汚染された牧草ロールを集めてきて、牛に食わせることで行き場の失った汚染物質を燃やさないで処理する方法を考えた。自ら「治外法権」を宣言して生かし続けることが国の殺処分指示に対する抵抗になると考えている。殺処分して証拠隠滅するのではなく、生かし続けることで原発被害とはいかなる事象かということを科学的に実証する資料的価値をもたせる。

牛飼としての心を失わないでいたい。そのことで、今後五年後ぐらいに繁殖牧場として再開させる展望をもっている。希望の牧場・ふくしまの代表吉沢正巳さんは、「3・11の大災害で俺たちが突き詰めて考えて行き着いたのは、人間は命をどのように扱ったのか、どう扱うべきかという問いなんです」と語る。

たとえば愛護団体は動物愛護の観点から、渋々殺処分に同意し安楽死を受け入れた酪農家の心内を踏みにじる形で、反対をちらしや落書きなどで訴える。他方、吉沢らも殺処分反対の看板を自ら掲げる。表面上同じ「殺処分反対」である。しかし、愛護団体と吉沢らのものとは明確に異なる。その違いを希望の牧場の事務局長の針谷勉は、次のようにいう（針谷二〇一二）。前者は自分たちは決して傷つくことのない安全な場所から「農家は牛を見捨てた」「殺処分の業者は人でなし」などと偏った感情論ではやし立てる。それは農家にとって脅迫に映る。他方、後者は被曝牛のことを「動く瓦礫だ」として警戒区域内の家畜を全頭処分したい国に対して、べこ屋として〝否定〟された憤りがある。

いわば、殺処分に同意した農家も反対する農家も含めて、人生をかけて牧場を経営し家族同様に携わってきた牛をできれば生かしておきたい、生かしておきたかった、そのような願いに共鳴する訴えなのである。したがって、この共鳴の基礎に立てば、愛護団体の殺処分反対は国の殺処分推進と表裏一体として彼らには映る。この命とのつきあい方を通してしか牛飼いの境地に到達しないであろう。

†③放射能と〝共存〟する低減技術

一般的に考えて、放射能物質が降り注げば、大地はその瞬間ダメになるだろう。半減期の長い放射性物質の飛散があれば、第一次産業で生計を立てている農家はその大地から撤退を余儀なくされる。その分補償を補塡されれば済む話ではないかと素人目には映る。そしてそれを取り除く手段は、降り注いだ表土を剝ぐ除染方法であると誰しもが考える。

しかし、長年にわたって有機農業や環境保全型農業を行ってきた農業者は、国の除染法を明確に〝否定〟する。土づくりを行っている有機農業は放射能の影響を直に受けたり、消費者の信頼を失いそうに見える。放射能汚染に一番脆弱に見える有機農業や環境保全型農業はなぜこのような有機や環境の存立に関わる逆境の事態にあって〝強み〟を発揮できるのであろうか。

福島県有機農業ネットワーク代表の菅野正寿は、「放射能ゼロということはありえない。放射能と共存するしかない。どうしてここ（福島県二本松市東和町）で暮らしと生業と生き方をしていくのかということ。〇か一〇〇かではなく、（放射能を）認め合っていく、そこが大事だと思っています」と私たちに重い投げかけをしている。放射能と〝共存〟するとはどういうことか。原発の事故前に行ってきた有機農業を断ち切って次のステージに進むということなのだろうか。実は逆であり、彼らは有機農業の延長線上として捉えている。

それでは放射能と共存しない方法とは、放射能をゼロにする除染政策であるが、以下に述べるようにそれには途方もない費用と時間がかかる。環境省の試算によれば、福島県全体で一マイクロシーベルト毎時以上の土地は二三七三平方キロメートル（うち森林六二・六パーセント、農地二六・五パーセント）もあり、深さ五センチの土壌の量は約一・二億立方メートルもある。ピンと来ない数値である。これは、東京都新海面処分場の全容量に相当し、日本全国の一般廃棄物最終処分場の残余容量に相当する。一戸あたり八〇万円から一〇〇万円かけて、何百億円かけて大手ゼネコンが除染しても、二カ月も経つと空間線量が元に戻るケースもある。

ちなみに除染活動に使われる吸着材等の廃棄物や樹木など地上部は試算に含まれていないので、それを処分するための最終処分場はおろか廃棄物を保管するための中間貯蔵施設について二〇一四年福島県が受け入れを表明してから一年経っても双葉町と大熊町の建設予定地の全地権者（二三六五名）のうち売却契約に至ったのはわずかに七人のみである（産経新聞二〇一五年八月二八日）。仮置き場に黒い土嚢袋が山積みにされている異常な光景もすでに日常の当たり前の風景となっている。

†放射能対策よりも従来の土づくりの一環として

このことからも明らかなように、理想とされていた国の除染政策は行き詰まりを見せている。それに対して、二本松市東和の「ゆうきの里東和ふるさとづくり協議会」は、除染を早くから移染として位置づけ、すべて取り除くことには限界があると見極めて、原発事故の一カ月後の春から除染を待たずに土を耕し種を蒔くことを実施していった。

普通であれば、早くても原発事故の年は様子を見て、翌年から機が熟して段階的に農作業に戻るということがよいように思えるかもしれない。しかし彼らにその選択肢はなかった。まずは自分たちがいつもやっていることから始めて春になれば種を蒔き、そういうサイクルを通して、土に鍬を入れ自分たちがやっていた農業を信頼し、もしそれでダメなら東電に補償を求めようという考えをもっていた。

放射線を強く遮蔽させる土の機能を利用して、例年よりも三〇センチほど耕耘を深くして表面に沈着した放射性セシウムなどを大量の土に混和させることで、地表の放射線量を大幅に低下させることに成功したのである。そして今度は収穫された農産物を〝安全なもの〟として消費者に届けるという問題を抱えることになった。

国による放射線の測定基準が揺れ動くなかで、これでは消費者の〝安心〟を得ることはできないと考えていた。協議会では、収穫された農産物を〝自主的に〟暫定規制値よりも引き下げて全種目の測定を地域ぐるみで組織的に展開することで農産物の安全性を訴えることができた。食品と放射能に関する「風評」被害は、「一方的に安心してくださいと情報を押しつけることではなく、消費者が安心できる「理由」と安全を担保する「根拠」を提示することでしか解決できない」（小山良太、濱田他二〇一五：六五）からである。

この取り組みは、放射能への対策でもあるけれども、むしろ従来の土づくりの一環としてであった。長年培ってきた、土と対話しながらの有機農業の地道な取り組みが、その根底にあったのである。有機農業は、その成立時期から国の安全基準や規制を批判的に捉え、自省的に厳しい安全性を追求する営みであった。そのため放射能測定についても「行政安全検査」が証明する安全性では納得せず、自らの手で確認できるまでの間は安全性が証明されていないと考えていた（中川二〇一五）。そして、何よりも表土を剝ぎ取る行為は、先人たちが努力と英知をかけて築き上げてきた血と汗の結晶を無効にする行為に等しいと考えたからである。

†過去の農業に立ち返る

地域ぐるみの組織的展開も重要であった。個人ひとりがいくら頑張ってもダメだということは、東和で暮らす者は身に染みてわかっている。「地域で自分一人が勝ち残ってはいけない」「儲けることを考えてはいけない」と、ゆうきの里の理事の武藤一夫さんは教えてくれた。いくら自分だけがよい田んぼをやっても、周りが農地を売り払えばたちまち田んぼはなくなり山間地での保水力を失ってしまう。逆に一人だけが無農薬を実践して稲の病気などを引き起こせば、周りの人びとに悪影響を及ぼしてしまう。〇か一〇〇ではないのはまさに減農薬をして無農薬にするという地域とのつき合い方をまるごと包含してお互いを認める思想である。

県内有数の養蚕地帯であった旧東和町は、生糸や牛肉の輸入自由化が著しい一九七〇年代に桑畑や牧草地が荒廃していった。一九八〇年代に出稼ぎに頼らず農業で生きる道を、青年団が中心となって模索し始める。そして産直運動の先駆けとして、少量多品目の生産の有機農業による複合経営を行っていく。その過程で福島県内のコープや消費者グループと提携を結び、そのなかで、農村の価値について消費者から教えられたという。山間部にでき始めた産業廃棄物処分場やゴルフ場によって食品の安全安心が脅かされる問題などを通じて反対運動を展開し、二〇〇〇年代にNPO法人を立ち上げ、有機農業のもととなる土(堆肥)づくりを推進した。

食物全品目の自主検査も、有機農業の取り組みの延長上にあった。これまで自分たちのつくり上げたものは独りよがりなものではなく、客観的なデータで提示できる――そういう消費者や研究機関との信頼関係に基づくものである。さらに放射能を土中に閉じ込める低減技術も、農民的耕耘という形でつながっている。このようにして近代技術の原発事故の未知の経験をこれまでの体験や取り組みに取り入れることで、人間の手に負えないリスクを既知の智慧のなかに縮減している。

震災後新たに「ふくしま農家の夢ワイン」を設立した。生食用のリンゴが風評被害で売れず、加工用としても取引を断られるケースを受けて地域のなかで苦悩する農家と協同を図る試みである。東和地区では震災後も新規就農者が増え続けている。千葉農村地域文化所の飯塚里恵子は、「温故知新」というキーワードをひきながら、時代を切り拓こうとする若い世代の取り組みには新しさがあるが、一方で彼ら彼女らは原発事故で最新技術の限界も知った。そこで先人が築き上げてきた過去の農業を信頼し、もう一度立ち返って学ぶことで、原発事故という近代の問題に対して文明的に乗り越えようとしていると述べている（飯塚二〇一四：一一二）。

放射能はなくすことはできないのであるから、認め合うことで放射能と共存するという新たな地平を開いたのである。

†実存レベルでの共存

政府が邁進する除染作業や帰還政策、福島第一原発の廃炉作業と中間貯蔵施設の建設など、スケジュールは発表されている。だが実際のところはいつ終わるかもわからない。これらの政策からおろされた暮らしのありようは、そのまま従えば、仮留めされた不安定な生活の継続か、いつ終わるともしれない賠償による括弧つきの「安定した生活」の延長を想定するしかない。

そうした、避難の解消や賠償補償が必ずしも原発被災者の生活再建と結びついていないという現実のなかで、現場から出されているのは、放射能と〝共存〟する智慧である。放射能を忌避することなく、目をそむけたくなる現実と向き合い、抽象的な共存ではなく、実存レベルでの放射能との共存の模索である。原発を認めることを脇に置きながら、原発事故で起きてしまった放射能の拡散は、遠い将来までなくならない以上、それとのつき合い方を工夫して自分たちの生き方や暮らしを成り立たせるしかない――そう覚悟を決めていわば断崖絶壁の縁に立っている。そこには、彼らの生きてきた／これから生きていく意味を考えるという哲学がある。

おわりに

†目に見えない強制移住

本書で挙げた事例は、大震災から独自の再生を指向している人びとによるものであり、それらは生活や暮らしを支える論理から出てきたものばかりである。今回の災害の特徴として、その背景には現代社会に共通する、ある社会的基盤が存在しているといえるだろう。

それを哲学者の古東哲明《ことうてつあき》は、「目に見えない強制移住」と呼んでいる（古東二〇一二）。目に見えない強制移住とは、〈いまここ〉の現在を立て続けに簒奪して、常に〈いつどこか〉へと私たちを追いやる強制移住のことである。いまここではない〈いつどこか〉を第一次的な関心の的として、超越的生活形式のなかで生きるように強いられている。そして、身近な場所や人と、いまここで愉快に共に生きる生活様式をあえて生きないというエートスが、慣行になってしまっている——古東はそう診断する。この日を亡失する瞬間抹消の度合いが増して、ほとんど誰も、この場この場にいないかのようで、表情がなく、亡霊のようだという。

そうだとすれば、本書はこのいつどこかで誰かがという匿名性や亡霊性の支配原理の中枢に対して、矢を射る反体制の立場をとらざるをえない。個別具体的な人びとは、以前の居住地とは無関係に、被災者として個別性を剝奪され、公平の原則のもとランダムに仮設住宅に入居し、再びそのなかでのつながりを断ち切られ、空間が再々編され孤立化し、さよならのない別れのなかで長期にわたり仮留めさせられる。

震災後いつどこかでやってくるはずの先延ばしにされた復興はついぞ実現されない。なぜなら、いま・ここの当事者の心の寸法に合わせないで、いつどこかで何かが実現されることはないからである。

†死者の声に耳を澄ます

現場で暮らす人びとは、懊悩しながらも今の持ち場を守る使命を帯びている。そのなかからしか災害の復興や再生はありえない。そしてその内実を見れば、死生観そのものを問わざるをえなかった。

生者と死者の中間領域に存在する曖昧な喪失に対して、豊富化し意味を肯定的に転調させることで対処する方法である。ただ災害やその後の土地利用や暮らしに押し出される被災者像ばかりではなく、声にもならない人びとの暮らしや見えないが確かに存在する生ける死者の声に耳を澄ませて聞くことができるならば、災害に打ち克つための有益な情報を得ることができるだろう。本書はそのような願いのもと書き認《したた》めた。

あとがき

†後世にいかに教訓を伝えるか

本書を手に取った多くの人は、東日本大震災、いわゆる3・11という地震・津波・原発事故が複合した未曾有の災害を知っている。たくさんの映像や新聞雑誌の活字を見聞きしただろう。

しかし、次の問いに答えられる人はどれくらいいるだろう――「東日本大震災からあなたが学んだことを具体的にいくつ挙げられますか?」

もし一〇個答えることができれば達人だろうし、五個答えることができたらまあまあ教訓を自分なりに受け止めている人だろう。でも、多くの人は〇個か一個で、映像で驚いただけにとどまっているのではないだろうか。

あれだけの被害を出して、そこから復興に向けて血の滲むような努力をしている現場がある。その一方で、報道が伝えてしかも人びとが受け取ることができた内容は、発災当時のごくごく限られたニュースソースとして切り取られるだけの「悲劇性」だけであった。もちろんそのこと自体は大切だけれども、その後の現場の経験や創意工夫から学ばないようでは、非常にもったいないといえる。

ある高校生が、今回の震災で得た教訓を後世の人に伝えたいと考えて、慰霊碑を建てようと、ある識者に相談に向かった。その地域は津波の常襲地帯であったので、過去にも自分たちの周りに慰霊碑が建立されていたが、それらが存在すること自体をその高校生たちは知らなかった。結局のところ、過去の教訓を私たちは受け取っていなかったのである。

では私たちの受けた津波の悲劇を、後世で繰り返さないようにするにはどうすればよいか。考えた結果、彼ら高校生は普通の立派な石の慰霊碑ではなく、木でつくった慰霊碑を建立したのである。木の慰霊碑は当然傷み、やがて朽ち果ててしまう。でも、いずれ忘れてしまう慰霊碑ならば、それを何回も立て替えるほうがいい、とその識者は高校生に助言したわけである。

毎年、地蔵盆のときに津波の碑の文字に黒い墨を入れることで、記憶を喚起させる儀式をしている地域もある。チリ沖地震津波で流されてきたトイレを、集会所で使っているところもある。いつも使うトイレだからこそ、身体化させることで想起する仕掛けをつくっているのだ。私たち人間は、忘れやすい――そういう前提に立てば、いつでも津波のことを想起したり思い出したりする訓練が必要である、ということを筆者も災害の現場で教えてもらった。

安政元年に紀伊水道を襲った津波に注意を喚起すべく、濱口梧陵《ごりょう》が、自ら所有する稲むらに火をかけ、夜道を照らしたという「稲むらの火」の逸話がある。これは、尋常小学校の教科書に採用されたものの、一〇年で姿を消した。だがその後、濱口が私財を投じて村びとを雇用し築いた堤防に、現在に至るまで、土を運んで土盛りをする儀礼が行われている。このように、少しでも長く、次に襲来する津波に警鐘を鳴らし続けようという取り組みもある。

†教訓からいかに学ぶか

東日本大震災でも、前の災害である阪神・淡路大震災から多くのことを学んだ自治体や災害コミュニティは、同じ轍を踏まずに再生を果たすことができている。災害においては何かを踏まえてこそ、初めて次に前進できる部分があることをたくさんの事例から教えてもらった。

そして災害は一回限りの事象ではなく、繰り返し訪れる招かざる客人でもある。少なくとも日本に生まれた瞬間から、われわれは背負っている災害との宿命的なつき合い方をしなければならない。

災害が生じたときには、ある程度「今起こっていることは前のこの部分が似通っているのでこのように対処できる」という部分があるものである。災害自体は各個人にとって初めての経験であるが、社会的にはもうすでに経験されているので、対処しようとしたときにある程度復興までの期間や工程を圧縮でき、より良い方向にあらかじめ進めることができるのである。

難しく考える必要はない。私たちが生まれた瞬間からそこにある「言葉」のようなものとしてストックされている辞典のように災害を考えればよいだろう。いつでも繙けばそこに載っている「モデル」みたいなものである。もちろん辞典のようにそれは時代状況において書き直せるように、災害のフェーズにおいて常に修正されうるものである。

しかし今われわれが災害に置かれている状況を見ると、あまりにも無防備だといわざるをえない。赤ん坊が生まれてきたのに「言葉」が社会側に用意されていないようなもので、初めはゼロからで言語習得に大幅な時間を要するみたいな状況である。

他者の悲劇にそのときは共感するものの、あとは忘れてしまうようであってはならない。「あなたの尊い犠牲があって教えてもらったものが役に立っている」と伝えることのほうが、どれだけ価値があるかを、今の私たちは知っている。

最後に、本書は筑摩書房の松田健氏から叱咤激励をいただきながら短期間で書き切ることができ、このような形で現場の経験を翻訳して、少しでも多くの人に伝える場を与えていただいた。ゼミ生の小田島武道君と菅原優君にも、本書を書くにあたってお手伝いいただいた。妻可奈も大きな心の支えとなってくれた。感謝申し上げたい。

参考文献

はじめに

ジェニファー・ワイゼンフェルド　二〇一四『関東大震災の想像力――災害と復興の視覚文化論』（篠儀直子訳）青土社
北原糸子　二〇一三『地震の社会史――安政大地震と民衆』吉川弘文館

第1章

アンドリュー・ゾッリ＆アン・マリー・ヒーリー　二〇一三『レジリエンス　復活力――あらゆるシステムの破綻と回復を分けるものは何か』（須川綾子訳）ダイヤモンド社
浅羽通明　二〇〇四『アナーキズム――名著でたどる日本思想入門』ちくま新書
古川彰　二〇〇四「村の災害と無事――「貧民漁業制」という仕掛け」『村の生活環境史』世界思想社：一〇二～一一三
岩本由輝　二〇一三「四〇〇年目の烈震・大津波と東京電力福島第一原発の事故」岩本由輝編『歴史としての東日本大震災――口碑伝承をおろそかにするなかれ』刀水書房：三～九七
ジェニファー・ワイゼンフェルド　二〇一四『関東大震災の想像力――災害と復興の視覚文化論』（篠儀直子訳）青土社
川島秀一　二〇一二『津波のまちに生きて』冨山房インターナショナル

宮田登　二〇一〇『ミロク信仰の研究（新訂版）』未来社
島田恵司　二〇一五「被災地にみる復旧と復興の課題」公益財団法人ひょうご震災記念21世紀研究機構編『「国難」となる巨大災害に備える――東日本大震災から得た教訓と知見』ぎょうせい：三九八～四〇一
寺田寅彦　二〇一一「津波と人間」『天才と防災』講談社学術文庫：一三六～一四五
浦野正樹　二〇〇七「脆弱性概念から復元・回復力概念へ――災害社会学における展開」浦野正樹・大矢根淳・吉川忠寛編『復興コミュニティ論入門』弘文堂：二七～三六
山中茂樹　二〇一五「復興の定義と指標」公益財団法人ひょうご震災記念21世紀研究機構編『「国難」となる巨大災害に備える――東日本大震災から得た教訓と知見』ぎょうせい：三六六～三六九

第2章

阿部重樹　二〇一三「いま仮設住宅に暮らすということ」『震災学』三号：一二〇～一二六
ビヴァリー・ラファエル　一九八九『災害の襲うとき――カタストフィの精神医学』（石丸正訳）みすず書房
エリザベス・キューブラー・ロス、デーヴィッド・ケスラー　二〇〇七『永遠の別れ――悲しみを癒す智恵の書』（上野圭一訳）日本教文社
藤森和美・藤森立男　一九九五『心のケアと災害心理学――悲しみを癒すために』芸文社
岩井圭司　二〇一二「心の復興と心のケア」藤森立男・矢守克也編『復興と支援の災害心理学――大震災から「なに」を学ぶか』福村出版
ジェームス・W・ペネベーカー　二〇〇七『こころのライティング――書いていやす回復ワークブック』（獅子見照・獅子見元太郎訳）二瓶社

金菱清　二〇一四「〝過剰な〟なコミュニティの意味」『震災メメントモリ――第二の津波に抗して』新曜社：二六〜三三
レベッカ・ソルニット　二〇一〇『災害ユートピア――なぜそのとき特別な共同体が立ち上がるのか』（高月園子訳）亜紀書房
加藤寛　一九九九「こころのケア」の四年間――残されている問題」こころのケアセンター編『災害とトラウマ』みすず書房
小山悠・亀山武史・守由紀子　二〇一二「孤立から親密へと変化する仮設住宅――宮城県南三陸町志津川中学校グラウンド応急仮設住宅団地の事例から」『東北学院大学総合研究』
岡田広行　二〇一五『被災弱者』岩波新書
金菱清（ゼミナール）編　二〇一六『呼び覚まされる霊性の震災学――3・11 生と死のはざまで』新曜社
佐々木俊三　二〇一四「世紀末ヨーロッパと全体主義」『随筆と語り　遠来の跫音』荒蝦夷　一八九〜二七五
宮地尚子　二〇一一『震災トラウマと復興ストレス』岩波ブックレット八一五
森川すいめい　二〇一一「被災地で「どうして生きなきゃならないのか」と問われた時」斎藤環編『imago』現代思想臨時増刊号：六七〜七三
柳田邦男　一九九五『犠牲（サクリファイス）――わが息子・脳死の11日』文春文庫

第3章

中島義道　二〇一四『反〈絆〉論』ちくま新書

金菱清（ゼミナール）編　二〇一六『呼び覚まされる霊性の震災学――3・11生と死のはざまで』新曜社
福田雄　二〇一二「災禍の儀礼論に向けて――現代日本における慰霊祭や追悼式の事例から」関西学院大学先端社会研究所『先端社会研究所紀要』第八号：七三〜八九
今井信雄　二〇〇一「死と近代と記念行為――阪神・淡路大震災の『モニュメント』にみるリアリティ」『社会学評論』五一㈣：四一二〜四二九
池上良正　二〇〇三『死者の救済史――供養と憑依の宗教学』角川選書
石井正己　二〇一五「過去の災害の被災者の「声」を語り継ぐ」似田貝香門・吉原直樹編『震災と市民2　支援とケア』東京大学出版会：一〇五〜一二二
岩田慶治　二〇〇〇『死をふくむ風景――私のアニミズム』NHKブックス
南直哉　二〇一二『恐山――死者のいる場所』新潮新書
ポーリン・ボス　二〇〇五『「さよなら」のない別れ　別れのない「さようなら」――あいまいな喪失』（南山浩二訳）学文社
佐々木宏幹　二〇一二「東日本大震災は何を変容させたのか」『生活仏教の民族誌――誰が死者を鎮め、生者を安心させるのか』春秋社：二〇四〜二四七
内田樹　二〇〇四『死と身体――コミュニケーションの磁場』医学書院
若松英輔　二〇一二a『死者との対話』トランスビュー
若松英輔　二〇一二b『魂にふれる――大震災と、生きている死者』トランスビュー
薬師寺浩之　二〇一三「二〇〇四年津波被災後のタイ南部・アンダマン海沿岸ビーチリゾートにおける幽霊をめぐる混乱と観光復興」『立命館大学人文科学研究所紀要』一〇二：九三〜一二八

第4章

千葉一　二〇一四「海浜のあわい――巨大防潮堤建設に反対する個人的理由」東北学院大学編『震災学』4、荒蝦夷：一三五〜一四三
今西肇　二〇一二「気仙沼市南町およびその周辺地区の復興に向けての提案――海と共生する気仙沼市中心市街地の新たなまちづくりを進めるために」『東北工業大学新技術創造研究センター紀要EOS』二五①：二七〜四〇
片田敏孝　二〇一五「命を守る防災」災害と文明取材班編『災害と文明』潮出版社：一九三〜一九八
川島秀一　二〇一二『津波のまちに生きて』冨山房インターナショナル
小松丈晃　二〇〇三『リスク論のルーマン』勁草書房
今野雄太郎　二〇一三「早期の復興を支えた〝沖出し〟――海のアジール論」金菱清（ゼミナール）編『千年災禍の海辺学――なぜそれでも人は海で暮らすのか』生活書院：六八〜八三
公益財団法人ひょうご震災記念21世紀研究機構編　二〇一五『「国難」となる巨大災害に備える――東日本大震災から得た教訓と知見』ぎょうせい
気仙沼漁業協同組合　一九八五『気仙沼漁業協同組合史』同組合
気仙沼魚問屋組合　二〇〇一『五十集商の軌――港とともに　気仙沼魚問屋組合史』同組合
長峯純一　二〇一三「防潮堤の法制度、費用便益、合意形成を考える」『公共選択』五九：一四三〜一六一
佐々木広清　二〇一三「命を守る防潮堤を〝拒否〟する人々――地域社会の紐帯を守るために」金菱清（ゼミナール）編『千年災禍の海辺学――なぜそれでも人は海で暮らすのか』生活書院：四六〜六七

高成田亨　二〇一四「防潮堤の社会政治学」東北学院大学『震災学』荒蝦夷四号：九八～一一二
結城登美雄　二〇一五「小さなつどいとなりわいがつなぐ復興」『世界』八六七号：九四～一〇〇

第5章

延藤安弘　二〇一三『まち再生の術語集』岩波新書
D・P・アルドリッチ　二〇一五『災害復興におけるソーシャル・キャピタルの役割とは何か――地域再建とレジリエンスの構築』（石田祐・藤澤由和訳）ミネルヴァ書房
森反章夫　二〇一五「「仮設市街地」による協働復興――陸前高田市長洞集落の住民組織活動の考察」似田貝香門・吉原直樹編『震災と市民――連帯経済とコミュニティ再生』東京大学出版会：一八三～一九七
室﨑益輝　二〇一五「21世紀社会を展望した復興まちづくり」公益財団法人ひょうご震災記念21世紀研究機構編『「国難」となる巨大災害に備える――東日本大震災から得た教訓と知見』ぎょうせい：四五二～四五五
植田今日子　二〇一二「なぜ被災者が津波常習地へと帰るのか――気仙沼市唐桑町の海難史のなかの津波」『環境社会学研究』第一八号：六〇～八〇

第6章

福島民報社編集局　二〇一五『福島と原発3――原発事故関連死』早稲田大学出版部
濱田武士・小山良太・早尻正宏　二〇一五『福島に農林漁業をとり戻す』みすず書房
桝潟俊子　二〇一三「改めて地域自給を考える」井口隆史・桝潟俊子編『有機農業選書五　地域自給のネ

ットワーク――持続可能な自立した社会をつくる』コモンズ：八～二七
見田宗介　二〇〇八『まなざしの地獄――尽きなく生きることの社会学』河出書房新社
中川恵　二〇一五「放射能測定と産直提携――宮城県南部の事例をもとにして」『社会学研究』第九五号：一二五～一四三
野口典子　二〇一四「3・11「震災関連死」という問い」『中京大学現代社会学部紀要八―二』二二九～二七八
針谷勉　二〇一二『原発一揆――警戒区域で闘い続ける〝ベコ屋〟の記録』サイゾー
関礼子　二〇一五『〝生きる〟時間のパラダイム――被災現地から描く原発事故後の世界』日本評論社
眞並恭介　二〇一五『牛と土――福島、3・11その後。』集英社
菅野正寿・長谷川浩編著　二〇一二『放射能に克つ農の営み――ふくしまから希望の復興へ』コモンズ
寺口瑞生　二〇〇一「（B）環境社会学のフィールドワーク」飯島伸子・鳥越皓之・長谷川公一・舩橋晴俊編『講座環境社会学第一巻　環境社会学の視点』有斐閣：二四三～二六〇
山下祐介・市村高志・佐藤彰彦　二〇一三『人間なき復興――原発避難と国民の「不理解」をめぐって』明石書店
上田耕蔵　一九九六「震災後関連死亡とその対策」『日本医事新報』三七七六：四〇～四四
飯塚里恵子　二〇一四「住民自治組織による里山再生・災害復興プログラム――二本松市東和地区」守友裕一・大谷尚之・神代英昭編『福島　農からの日本再生――内発的地域づくりの展開』農文協

おわりに

古東哲明　二〇一一『瞬間を生きる哲学――〈今ここ〉に佇む技法』筑摩選書

ちくま新書
1171

震災学入門《しんさいがくにゅうもん》
――死《し》生観《せいかん》からの社会構想《しゃかいこうそう》

二〇一六年二月一〇日　第一刷発行
二〇一九年四月二五日　第二刷発行

著者　金菱　清（かねびし・きよし）
発行者　喜入冬子
発行所　株式会社　筑摩書房
東京都台東区蔵前二-五-三　郵便番号一一一-八七五五
電話番号〇三-五六八七-二六〇一（代表）
装幀者　間村俊一
印刷・製本　株式会社　精興社

ISBN978-4-480-06878-1 C0236

1090
反福祉論
——新時代のセーフティーネットを求めて
金菱清
大澤史伸
福祉に頼らずに生き生きと暮らす、生活困窮者やホームレス。制度に代わる保障を発達させてきた彼らの生活実践に学び、福祉の限界を超える新しい社会を構想する。

995
東北発の震災論
——周辺から広域システムを考える
山下祐介
中心のために周辺がリスクを負う「広域システム」。その巨大で複雑な機構が原発問題や震災復興を困難に追い込んでいる現状を、気鋭の社会学者が現地から報告する。

1150
地方創生の正体
——なぜ地域政策は失敗するのか
山下祐介
金井利之
「地方創生」で国はいったい何をたくらみ、地方をどう支配しようとしているのか。気鋭の社会学者と行政学者が国策の罠を暴き出し、統治構造の病巣にメスを入れる。

1100
地方消滅の罠
——「増田レポート」と人口減少社会の正体
山下祐介
「半数の市町村が消滅する」は嘘だ。「選択と集中」などという論理を振りかざし、地方を消滅させようとしているのは誰なのか。いま話題の増田レポートの虚妄を暴く。

941
限界集落の真実
——過疎の村は消えるか？
山下祐介
「限界集落はどこも消滅寸前」は嘘である。危機を煽り立てるだけの報道や、カネによる解決に終始する政府の過疎対策の誤りを正し、真の地域再生とは何かを考える。

1059
自治体再建
——原発避難と「移動する村」
今井照
帰還も移住もできない原発避難民を救うには、江戸時代の「移動する村」の知恵を活かすしかない。バーチャルな自治体の制度化を提唱する、新時代の地方自治再生論。

986
科学の限界
池内了
原発事故、地震予知の失敗は科学の限界を露呈した。科学に何が可能で、何をすべきなのか。科学者の倫理を問い直し「人間を大切にする科学」への回帰を提唱する。

ちくま新書

974
原発危機　官邸からの証言
福山哲郎
本当に官邸の原発事故対応は失敗だったのか？　当時の官房副長官が、自ら残したノートをもとに緊急事態への取組を徹底検証。知られざる危機の真相を明らかにする。

541
内部被曝の脅威
——原爆から劣化ウラン弾まで
肥田舜太郎
鎌仲ひとみ
劣化ウラン弾の使用により、内部被曝の脅威が世界中に広がっている。広島での被曝体験を持つ医師と気鋭の社会派ジャーナリストが、その脅威の実相に斬り込む。

923
原発と権力
——戦後から辿る支配者の系譜
山岡淳一郎
戦後日本の権力者を語る際、欠かすことができない原子力。なぜ、彼らはそれに夢を託し、推進していったのか。忘れ去られていた歴史の暗部を解き明かす一冊。

1063
インフラの呪縛
——公共事業はなぜ迷走するのか
山岡淳一郎
公共事業はいつの時代も政治に翻弄されてきた。〝道路、ダム、鉄道——国の根幹をなすインフラ形成の歴史を追い、日本のあるべき姿を問う。もう善悪では語れない！

971
夢の原子力
——Atoms for Dream
吉見俊哉
戦後日本は、どのように原子力を受け入れたのか。核戦争の「恐怖」から成長の「希望」へと転換する軌跡を、緻密な歴史分析から、ダイナミックに抉り出す。

474
アナーキズム
——名著でたどる日本思想入門
浅羽通明
大杉栄、竹中労から松本零士、笠井潔まで十冊の名著をたどりながら、日本のアナーキズムの潮流を俯瞰する。常に若者を魅了したこの思想の現在的意味を考える。

1086
汚染水との闘い
——福島第一原発・危機の深層
空本誠喜
抜本的対策が先送りされ、深刻化してしまった福島第一原発の汚染水問題。事故当初からの経緯と対応策・進捗状況について整理し、今後の課題に向けて提言する。